Mosaik bei
GOLDMANN

Buch

Magermodels sind out – aber ein paar Kilo könnten schon runter! Mit diesen Rezepten klappt's: abwechslungsreich, sättigend und ganz leicht nachzukochen. Übersichtliche Menüvorschläge und Kombinationstipps machen es leicht, die lästigen Pfunde im Nu abzuschütteln. Praktische Einkaufslisten, schnelle Frühstücksideen und Vorschläge für transportable Zwischenmahlzeiten machen die Diät auch für berufstätige Frauen traumhaft einfach.

Autorinnen

India Knight, Journalistin, hasste ihr Leben lang Leute, die Diät machten. Bei einer Kleidergröße von 48 begann sie selbst mit einer.
Neris Thomas ist Filmproduzentin. Sie hat bereits jede erdenkliche Schlankheitskur ausprobiert. Sie fing mit dem Speck-weg-Programm bei einem Gewicht von 102 Kilogramm an.
Bee Rawlinson hat die Diät der beiden erfolgreich durchgeführt. Die drei haben sich auf der Internetseite der Autorinnen kennengelernt.

Von India Knight und Neris Thomas außerdem bei
Mosaik bei Goldmann:

Das Speck-weg-Programm (HC: 39136, TB: 17131)

Bee Rawlinson
India Knight
Neris Thomas

Das Speck-weg-Programm

Die Rezepte

Aus dem Englischen von Angelika Besteck

Mosaik bei
GOLDMANN

Die Ratschläge in diesem Buch wurden von den Autorinnen und vom Verlag sorgfältig erwogen und geprüft, dennoch kann eine Garantie nicht übernommen werden. Eine Haftung der Autorinnen bzw. des Verlags und seiner Beauftragten für Personen-, Sach- und Vermögensschäden ist ausgeschlossen.

Diese Diät eignet sich nicht für Schwangere oder Stillende, Kinder, Diabetiker oder Menschen mit einem Nierenleiden. Jegliche Ernährungsumstellung sollte vorher mit einem Arzt besprochen werden.

FSC
Mix
Produktgruppe aus vorbildlich
bewirtschafteten Wäldern und
anderen kontrollierten Herkünften
Zert.-Nr. SGS-COC-1940
www.fsc.org
© 1996 Forest Stewardship Council

Verlagsgruppe Random House FSC-DEU-0100
Das für dieses Buch verwendete FSC-zertifizierte Papier *Munken Print*
liefert Arctic Paper Munkedals AB, Schweden.

1. Auflage
Deutsche Erstausgabe Januar 2010
© 2010 der deutschsprachigen Ausgabe Wilhelm Goldmann Verlag,
München, in der Verlagsgruppe Random House GmbH
© 2008 der englischsprachigen Originalausgabe Bee Rawlinson,
Neris Thomas und India Knight
Originaltitel: Neris and India's Idiot-Proof Diet Cookbook
Originalverlag: Penguin Books Ltd
First published in the United Kingdom by Penguin Books Ltd, 2008
Umschlaggestaltung: Uno Werbeagentur, München
Illustrationen: Neris Thomas
Redaktion: Diane Zilliges
Satz: Uhl + Massopust, Aalen
Druck und Bindung: GGP Media GmbH, Pößneck
CH · Herstellung: IH
Printed in Germany
ISBN 978-3-442-17124-8

www.mosaik-goldmann.de

Inhalt

Einführung 6

Die Goldenen Regeln 16

Gut organisiert 22

Fragen und Antworten 30

Menüvorschläge 37

Gewürzmischungen, Öle, Marinaden und aromatisierte Butter 44

Frühstück 54

Leichte Mahlzeiten für mittags oder zwischendurch 74

Take Five – Man nehme fünf 100

Suppen 114

Salate 126

Hauptgerichte 140

Gemüse ganz einfach 194

Party-Häppchen 202

Nachspeisen 220

Grundrezepte 236

Register 248

Einführung

Die Rezepte

Hallo und vielen Dank, dass Sie dieses Buch gekauft haben. Es ist auf eine sehr schöne Weise entstanden, von der wir hier berichten möchten.

Als der erste Teil unserer Diät – »Das Speck-weg-Programm« – veröffentlicht wurde, ließen wir es auch als Blog im Internet erscheinen. Wir dachten an rund 50 regelmäßige Teilnehmer, einen gemütlichen Chat unter Freunden über grünes Blattgemüse und die leckersten leicht verdaulichen Wurstsorten. Stattdessen bekamen wir bald Zehntausende Hits am Tag. Es wurden immer mehr, je höher das Buch in den Bestsellerlisten stieg. Wir entschieden, das Buch in ein Forum zu stellen (das immer noch sehr gut läuft und unter www.pig2wig.co.uk zu finden ist).

Und eines Tages erschien Bee auf diesem Forum (mit Heiligenschein und einem Chor von Engeln). Sie sei eine passionierte Köchin und habe viel mit Rezepten experimentiert. Ob sie uns einige schicken dürfe? Natürlich, sagten wir, nur zu.

Nun wissen wir alle, dass die kohlenhydratarme, die Low-Carb-Ernährung zum Abnehmen zwar geeignet, dabei aber doch etwas einseitig ist: Man muss schon sehr einfallsreich sein, um sie spannend zu gestalten. Einfallsreicher als die meisten von uns beim Kochen sind. Also, um ehrlich zu sein, wir erwarteten uns von Bees Rezepten nichts anderes als Variationen von Fleisch mit Sahnesoße. Denn das ist schließlich der Inhalt der meisten Low-Carb-Kochbücher. Diese Rezepte sind effektiv, aber nicht besonders ansprechend. Im Gegenteil! Wir lasen einige davon und legten sie angeekelt zur Seite (besonders wenn es sich um ausgefeilte, erfindungsreiche Varianten für Schweinehack handelte – Entschuldigung, war nur ein Witz).

Einführung

Bees Rezepte waren nicht nur gut und appetitlich: Sie haben uns glatt umgehauen! Sie waren kein trauriger Abklatsch von »normalen Rezepten«. Sie waren überwältigend. Sie waren so gut, dass der Low-Carb-Aspekt völlig in den Hintergrund verschwand. Es waren einfach Rezepte für absolut leckeres Essen, das jeder unabhängig von unserer Diät genießen würde. Ich (India) machte diese Erfahrung, als ich zum ersten Mal Bees Zwiebel-Pakoras zubereitete: Meine halbwüchsigen Söhne machten sie komplett nieder – mit der Bitte, dass ich auch am nächsten Tag diese Pakoras machen solle. Also ehrlich: Zwiebel-Pakoras. Da leidet man doch wirklich keinen Mangel, oder?

Bee schickte mehr und mehr Rezepte, und sie alle waren brillant. Wir druckten alle aus und legten sie neben den Herd; manchmal kochten wir tagelang nur danach. Nun macht es ja so viel Sinn, das Gute zu teilen, und darum melden wir uns heute mit einem neuen Buch: Was Sie in den Händen halten, sind einige unserer Rezepte und alle von Bee. Unsere sind gut. Ihre aber sind erstaunlich – und ich (India) bin von Kochbüchern wirklich so begeistert, dass ich sie sogar abends im Bett noch lese. Wenn ich also sage, dass diese Rezepte kaum ihresgleichen haben, dann meine ich das auch so. Bee ist die Nigella (Nigella Lawson: eine englische Kultköchin und Kochbuchautorin) des Low-Carb. Sie ist ein Genie. Und ihre Rezepte funktionieren wunderbar – sie können gar nicht schiefgehen, und sie schmecken einfach himmlisch.

Die Rezepte

Jetzt noch ein paar Bemerkungen:

1 Wir wollten, dass dieses Buch so benutzerfreundlich wie möglich wird. Wir wissen beispielsweise, dass ein kohlenhydratarmes Frühstück für viele eine Herausforderung ist. Die Kombination von morgendlicher Eile und der Tatsache, dass der Magen noch nicht bereit ist für – wieder einmal – Eier und Schinken, kann schon ein Problem sein. Besonders weil das Frühstück die wichtigste Mahlzeit des Tages ist. Das ist jetzt aber kein Problem mehr: Wir bieten jedem die Stirn, der die Frühstücksrezepte dieses Buches nicht überaus lecker und appetitlich findet.

2 Wie alle Kochbücher wendet sich auch dieses an Familien. Dieses Buch spricht aber auch Alleinstehende an oder Menschen, die entweder keine Zeit oder keine Energie haben, 45 Minuten zum Kochen zu verwenden und dafür auch noch drei verschiedene Töpfe schmutzig machen zu müssen. Wenn Sie allein leben, wird Sie dieses Buch sehr glücklich machen: Es beinhaltet viele Rezepte, die man in kürzester Zeit zusammenrühren kann, ohne viel abwaschen zu müssen.

3 Sollten Sie im umgekehrten Fall für viele kochen müssen, ohne für sich selbst etwas anderes als für die restliche Familie zubereiten zu wollen, können Sie sich freuen. Wir sagten es schon: Dies ist einfach gutes Essen. Es gibt keinen Grund, es nicht für die ganze Familie zu kochen. Sollten Sie heißhungrige Teenager im Haus haben, ergänzen Sie das Essen einfach mit Kartoffelpüree oder Reis oder Ähnlichem. Das wird allerdings nur selten nötig sein, denn unsere Rezepte sind nicht nur lecker, sondern auch großzügig portioniert und sättigend.

Einführung

Nun noch ein Wort der Warnung. Wir haben ein komplettes Diät-Buch verfasst und raten Ihnen dringend, es zu lesen. Ja, das sagen wir gerne so direkt. Eines ist dabei wichtig: Um möglichst erfolgreich abzunehmen, sollten Sie dieses Diätbuch komplett durchlesen. Ihnen fehlen sonst wichtige Informationen, mit deren Hilfe Sie es schaffen können – ach was, schaffen werden. Während wir schrieben, nahmen die Frauen (und einige Männer) unseres Forums gemeinsam vier Tonnen Gewicht ab – vier Tonnen! – nur durch unseren Essensplan. Es funktioniert tatsächlich. Damit es aber auch für Sie funktioniert, müssen sie zunächst die Anleitung lesen. Dieses Kochbuch ist eine begleitende Ausgabe und nicht die Diät. Wenn Sie nur die Diät machen wollen, kaufen Sie »Das Speck-weg-Programm«.

Ein weiteres Wort der Warnung – und das ist sehr wichtig: Wenn Sie zu den Gerichten aus diesem Buch Kohlenhydrate essen, nehmen Sie zu, auch wenn es sich dabei um »gesunde« Kohlenhydrate handelt. Sie nehmen auch zu, wenn Sie alles Mögliche aus diesem Buch kochen und in sich hineinstopfen: Dreimal am Tag Zwiebel-Pakoras werden den Zeiger der Waage nach oben wandern lassen. Einmal am Tag hingegen sind Zwiebel-Pakoras wunderbar.

Die erste und wichtigste Phase Ihrer Diät besteht darin, ein ausgewogenes Verhältnis zwischen magerem Eiweiß (Fleisch und Fisch), gutem Fett und frischem Gemüse herzustellen. Das wird 14 Tage dauern und ist die Initialzündung zu einer dramatischen Gewichtsabnahme.

Halten Sie sich genau an die Anweisungen: Wenn Sie bisher geglaubt haben, abnehmen bedeute, Kalorien zu zählen, so werden Sie nun verwirrt sein, bis Sie alle Fakten kennen. Darüber hinaus informieren wir Sie in unserem »Speck-weg-Programm« über Nahrungsergänzungsmittel, Süßstoffe, Alkohol und einiges mehr. Über all das sollten Sie Bescheid wissen, bevor Sie mit der Diät anfangen.

Das führt mich direkt zu den Mengen, die Sie zu sich nehmen dürfen. Wir haben diese Informationen auch schon im Forum veröffentlicht. Dies hier ist die luxuriöseste und einfallsreichste Ernährung – ganz ohne Zauberei. Sie brauchen dazu natürlich ein gewisses Maß an gesundem Menschenverstand. Ein großzügiger Klecks Crème Double zum Verfeinern von Soßen ist in Ordnung – einen halben Liter einfach so zu löffeln nicht. Verzeihen Sie, wenn dies für Sie bereits klar ist, doch das Forum hat uns gelehrt: Was für den einen offensichtlich ist, ist es für den anderen noch lange nicht. Daher: Auf Mengen achten!

Noch ein Wort über Mengen, da dieses Thema immer wieder aufkommt: Wenn Sie jeden Tag ein großes Stück Käse essen, werden Sie nicht abnehmen. Einige Löffel Mayonnaise im Dressing sind in Ordnung, ein halbes Glas nicht. Außer Fleisch und Fisch beinhalten alle Lebensmittel – auch grünes Blattgemüse – eine mehr oder weniger große Menge Kohlenhydrate. Wir halten nichts davon, sie zu zählen, aber Sie sollten über die Größe der Portionen schon nachdenken. Keine Diät der Welt kann zaubern: Sie können nicht unbegrenzte Mengen essen und gleichzeitig abnehmen. Sie können köstliche Dinge während dieser Diät essen, aber es gibt Grenzen.

Haben Sie für den Tag immer eine Hand voll Nüsse und einige Stückchen Käse (nicht größer als die Hälfte Ihrer Handfläche) parat (der eine kann mehr, der andere weniger essen; wie das bei Ihnen ist, das müssen Sie selbst herausfinden).

Sahne ist wunderbar zum Verfeinern etwa von Soßen, aber der Konsum einer Großpackung führt nicht zum gewünschten Erfolg – im Gegenteil. Dasselbe gilt für Butter: Verwenden Sie sie nur zum Kochen, aber naschen Sie keine dicken Scheiben davon. Und so weiter. Alles recht einleuchtend, wirklich. Aber nachdem ich (India) eine Woche lang weg war und heute Morgen die Einträge im Forum las, erachte ich eine Auffrischung für notwendig.

Essen Sie, bis Sie satt, und nicht, bis Sie voll sind. Denken Sie darüber nach, was Sie sich in den Mund stecken. Verwechseln Sie Durst nicht mit Hunger. Und essen Sie nicht wie das Klischee eines beleibten, übergewichtigen Menschen – indem Sie alles, was Sie greifen können, in sich hineinstopfen. Das bringt auch nichts, wenn das alles kohlenhydratarm ist. Sie sind kein Mülleimer, behandeln Sie sich auch nicht so. Zweck dieser Übung ist, dass Sie die Gewohnheiten der Dicken genauso verlieren wie ihren Umfang.

Abschließend – und ich kann es gar nicht oft genug sagen – noch folgender Rat: Wein verlangsamt die Gewichtsabnahme enorm. Wenn Sie unbedingt Alkohol trinken wollen, gewöhnen Sie sich an, klare Schnäpse zu trinken. Wenn Sie unbedingt Wein trinken möchten, seien Sie sich darüber im Klaren, dass zum Beispiel eine Flasche Weißwein bis zur Hälfte aus Zucker bestehen kann. Selbstverständlich hat das seine Auswirkungen.

Sie mögen es heute noch nicht auf der Waage sehen, bestimmt aber morgen oder nächste Woche. Schummeln Sie, wenn Sie müssen, aber akzeptieren Sie dann auch die Konsequenzen.

Wir (India und Neris) haben durch diese Ernährungsweise zusammen 63,4 Kilogramm abgenommen. Und, was noch wichtiger ist, wir haben dieses Gewicht auch zwei Jahre später noch. Mir (India) haben Bees Rezepte mehr geholfen, als ich sagen kann – man kann sich gar nicht zu kurz gekommen fühlen, wenn man dieses herrliche Essen zu sich nimmt. Wir möchten Bee ganz herzlich danken und auch allen wundervollen Frauen von unserem Forum, die uns im letzten Jahr zum Lachen und zum Weinen brachten, die uns ihre Geschichten mit schonungsloser Offenheit erzählten und die uns einen faszinierenden Einblick lieferten, wie und warum sich Menschen überessen. Wie bereits in »Das Speck-weg-Programm« beschrieben, zieht einen das Dicksein seelisch herunter. Fantastisch ist aber, dass man »undick« werden kann, so wie wir und Zehntausende unserer Leser (Oh, ein Kult!). Viel Glück Ihnen allen und guten Appetit!

India Knight und Neris Thomas

Die Goldenen Regeln

Die Rezepte

1 Trinken Sie täglich mindestens acht große Gläser Wasser.
Das ist das Minimum. Versuchen Sie, 12 zu schaffen, und 15 schaden sicher auch nicht. Es klingt seltsam, wie aus einem dieser typischen Frauen-Magazine, aber wenn Sie sich nicht daran halten, nehmen Sie auch wesentlich langsamer ab. Außerdem leidet Ihre Haut, und Darmverstopfungen werden wahrscheinlicher. Also los: Je mehr Sie trinken, desto schneller nehmen Sie ab und desto wohler fühlen Sie sich. Nehmen Sie sich eine 1,5-Liter-Flasche Mineralwasser mit zur Arbeit und trinken Sie im Laufe des Tages davon. Wenn sie alle ist, fangen Sie die nächste an, so dass Sie täglich rund drei Liter Wasser schaffen.

2 Sie sollten unbedingt jeden Tag frühstücken und mittags und abends essen.
Im Gegensatz zu den üblichen Diäten, bei denen man Kalorien zählt, müssen Sie sich hier unbedingt an die Mahlzeiten halten, sonst verlangsamt sich die Gewichtsabnahme. Aufs Frühstück zu verzichten ist strengstens verboten. Im Ernst: Wenn Sie auch nur eine Mahlzeit auslassen, nehmen Sie dramatisch langsamer ab.

3 Kombinieren Sie zu jeder Mahlzeit gute Fette mit Eiweiß.
Das kann das Dressing zum Salat, die Soße zum Steak oder die Mayonnaise (am besten selbstgemacht) zu den Scampi sein. Ja, bei dieser Art der Ernährung verlieren Sie Gewicht, wenn Sie Fett mit Eiweiß kombinieren.

4 Glauben Sie nur nicht, »Diät« bedeute »fettarm« zu essen.
Wenn Sie Ihre eigene, fettarme Version dieser Diät ausprobieren, werden Sie kein Kilo abnehmen. Wenn Sie nach drei Mahlzeiten am Tag noch hungrig sind, dann essen Sie

in Gottes Namen noch etwas: ein, zwei oder auch drei Zwischenmahlzeiten. Sie dürfen natürlich nicht ständig etwas knabbern, aber hungrig sollten Sie auch nicht sein.

5 Essen Sie jeden Tag grünen Salat oder grünes Blattgemüse.

6 Sie müssen sich mindestens einmal am Tag bewegen.
Ohne viel Technik und große Anstrengung. Wir schlagen Ihnen Walking vor: Es ist ganz einfach, jeder kann es, und man braucht dazu weder eine teure Ausrüstung noch muss man Mitglied im Fitnessstudio werden. Wie weit und wie oft Sie walken, bleibt Ihnen überlassen – Sie sollten aber schon mit zehn Minuten täglich beginnen. Wählen Sie ein Tempo, bei dem Sie am Ende leicht außer Atem sind (schweres Keuchen wäre am Ziel vorbeigeschossen).

7 Wir betonen es noch einmal: Vergessen Sie nicht, Ihre Nahrungsergänzungsmittel zu nehmen (siehe unser Buch »Das Speck-weg-Programm«, Liste auf S. 69).

8 Fangen Sie an, Fett zu mögen.
Natürlich nicht Ihr eigenes, sondern gutes, freundliches Fett in leckerer Butter und guten Ölen. Essen Sie ruhig die Kruste vom Schweinebraten oder fetten Frühstücksspeck. Auch Mayonnaise oder Crème Double (ersatzweise Crème

fraîche oder Sahne), in Gemüsesuppe geträufelt, sind erlaubt. Noch einmal: Was auch immer Sie tun, vermeiden Sie eine fettarme Version dieser Diät. Sie nehmen nur langsamer ab.

9 Wiegen Sie sich einmal in der Woche.
Und zwar, nachdem Sie Ihr Morgengeschäft erledigt haben. Wenn die Diät anschlägt und die Pfunde purzeln: Verfallen Sie nicht der Versuchung, fünfmal am Tag auf die Waage zu steigen. Eine Gewichtsreduktion verläuft nicht gleichmäßig, und es wird Sie nur deprimieren, wenn Sie plötzlich ein Kilo mehr wiegen als am Vortag. Also, einmal in der Woche wiegen. Und gehen Sie jeder Waage aus dem Weg, wenn Sie Ihre Periode haben.

10 Verwenden Sie zusätzlich zur Waage auch ein Maßband.
Sie können bereits an Umfang verlieren, bevor Sie auch nur ein Gramm abgenommen haben. Mysteriös, aber wahr. Messen Sie sich aber nicht jeden Tag; zweimal pro Woche genügt.

Eine Anmerkung zu Eiweiß und Fett
Was passiert mit dem Fett, das Sie essen? Ein Teil wird zur Reparatur, zum Aufbau der Zellwände und zur Herstellung lebenswichtiger Hormone benötigt. Ein weiterer Teil dient der Energiegewinnung und wird im Körper verbrannt. Der Rest ist überflüssig. Mit Hilfe von Enzymen und Gallenflüssigkeit wird das Fett im Darm in Fettsäuren umgewandelt. Diese Fettsäuren gelangen über das Blut zur Leber, wo sie weiter in Ketone und andere Fettsäurebestandteile aufgespalten werden. Einige dieser Ketone werden über Urin, Stuhlgang oder Atem (über die Lungen) ausgeschie-

den. Ungenutzte freie Fettsäurebestandteile werden ebenfalls ausgeschieden. Warum ist das so? Wenn Fettsäuren erst einmal in kleinere Bestandteile wie Ketone, Acetone und Ester zerfallen sind, können sie nicht wieder in Fett umgewandelt werden. Ohne Insulin können sie nicht in die Zellen eingelagert werden. Deshalb werden sie vernichtet. Dr. Robert Atkins (amerikanischer Kardiologe und Ernährungswissenschaftler; Begründer der nach ihm benannten »Atkins-Diät«, in der nur Eiweiße und Fett, aber keine Kohlenhydrate verzehrt werden) nennt dies den »Metabolischen Vorteil«.

Bleibt die Frage, wieso das Fettessen zur Verbrennung von Körperfett führt. Es funktioniert wie eine Initialzündung: Ist die Leber erst einmal auf Fettverbrennung und Ketonherstellung eingestellt, bedient sie sich bei den Körperfettreserven, wenn das Nahrungsfett verbraucht ist. Und das ist ja genau das, was wir wollen.

Gut organisiert

Die Rezepte

Wir können es gar nicht genug betonen: Vorbereitung ist alles. Wenn Ihr Kühlschrank gut gefüllt und vorbereitet ist, dann lässt sich diese Diät ganz einfach bewerkstelligen. Wenn Sie lange arbeiten müssen oder weit vom nächsten Supermarkt entfernt wohnen, müssen Sie vorausplanen. Wenn Sie aus Versehen eine Mahlzeit auslassen oder zu spät essen, dann werden Sie hungrig. Dann greifen Sie nach dem Erstbesten, wenn nichts Passendes zur Hand ist, einfach nur, weil Ihr Körper nach Essen verlangt. Und das hat fatale Folgen.

Die folgende Liste soll Ihnen den Einstieg in die Diät erleichtern.

Was Sie zu Hause haben sollten

Soßen und Öle
- Thailändische Fischsoße (Nam Pla)
- Sesamöl
- Olivenöl
- Erdnussöl
- Tamari Sojasoße (in Bio- und Asialäden erhältlich)
- Wein- oder Apfelessig

Kräuter und Gewürze
- Currypulver
- Muskat
- Muskatblüte (Macis)
- Gemahlener Zimt
- Thymian
- Gewürznelken
- Kardamomkapseln
- Zimtstangen
- Kreuzkümmelsamen
- Gemahlener Kreuzkümmel
- Koriandersamen
- Gemahlener Koriander
- Garam Masala
  (indische Würzpaste; in Asialäden erhältlich)
- Kurkumapulver
- Zerstoßene getrocknete Chili (oder Chilipulver)
- Paprikapulver
- Oregano
- Zitronengras

Die Rezepte

Sonstiges
- Senfpulver
- Verschiedene Senfsorten, auch aromatisierte
- Meerrettich
- Backpulver
- Kokosraspel
- Tomatenmark
- Pinienkerne
- Gemahlene Mandeln
- Süßstoff in Pulverform (Achten Sie darauf, dass es sich um einen hitzebeständigen handelt)
- Tahin (orientalische Sesampaste; in Bioläden sowie türkischen und arabischen Läden erhältlich)
- Instant-Gemüsebrühe

Und hier noch eine praktische Liste der Dinge, die Sie in der jeweiligen Phase der Diät essen dürfen. Am besten kopieren Sie sich diese Seiten und hängen Sie an den Kühlschrank, Ihr Regal und sonstwohin.

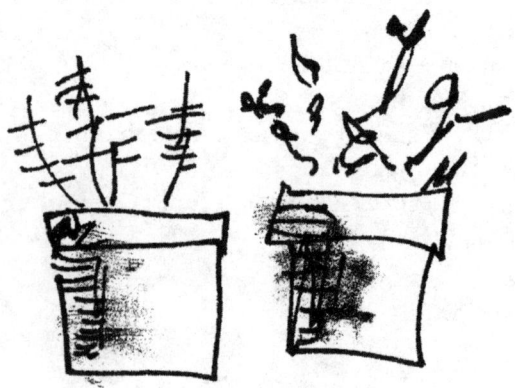

Phase 1

- Bio-Eier
- Fleisch, was immer Ihnen schmeckt, einschließlich Braten, Schinken, Speck, Salami, Steaks, Hühnchen, Würste (aber bitte nur von guter Qualität)
- Leberpastete
- Fisch, welchen Sie mögen, vom frischen Seebarsch bis zum Thunfisch aus der Dose
- Oliven- und Erdnussöl
- Crème Double (ersatzweise Crème fraîche oder Sahne)
- Butter
- Kräuter und Gewürze
- Meersalz und schwarzer Pfeffer
- Nüsse jeder Art, solange sie naturbelassen und ungezuckert sind
- Gemüse – alles, was Ihnen schmeckt, außer Kartoffeln, Möhren, Mais und Erbsen. Am besten sind grüne Blattgemüse wie Spinat, Kohl usw., außerdem Tomaten
- Avocados
- Zitronen und Limetten
- Käse – alle Sorten, egal ob Büffelmozzarella oder Blauschimmelkäse
- Tofu
- Kräutertee
- Ungesüßte Bio-Sojamilch

Phase 2

- Blattloses Gemüse wie beispielsweise Zwiebeln
- Alle Beerensorten – Blaubeeren, Himbeeren, Erdbeeren usw.
- Cantaloupe- und Honigmelonen
- Alle Sorten Samen und Kerne sowie alle Nussarten

- Zartbitter-Schokolade (über 70 Prozent Kakaoanteil), in Maßen genossen
- Kokosmilch
- Naturjoghurt
- Alkohol, aber nur klare Schnäpse wie Gin, Wodka, Rum oder Whisky mit Wasser oder Tonic-Water light
- Sojamehl
- Gemahlene Leinsamen
- Vollkorn-Steinofenbrot
- Blütenzarte Haferflocken

Phase 3
- Hülsenfrüchte
- Obst
- Stärkehaltiges Gemüse wie Kartoffeln
- Vollkornprodukte

Gut organisiert

Obst und Gemüse, die Sie essen dürfen
- Alle Kohlsorten, auch Rosenkohl
- Salat
- Pak Choi (die asiatische Form von Mangold, in Asialäden erhältlich)
- Frühkohl (im Juni/Juli geernteter Weißkohl – grünblättrig im Vergleich zum herbstlichen Weißkohl)
- Grünkohl
- Brokkoli, allerdings keinen ganzen Kopf auf einmal
- Blumenkohl
- Butternutkürbis (ein- oder zweimal in der Woche)
- Auberginen
- Tomaten in geringen Mengen
- Pilze
- Alle Kräuter
- Spinat
- Mangold
- Lauch
- Zwiebeln in Maßen

Fragen und Antworten

Wie groß sollten meine Portionen sein?
Essen Sie »normale« Portionen, das heißt:
Käse – Stücke in Größe einer Streichholschachtel (natürlich nicht die Schachteln mit den langen Kaminhölzern!)
Fleisch und Fisch – ein Stück sollte etwa so groß wie die Innenfläche Ihrer Hand sein.
Salat – ungefähr so viel, um eine Müslischale zu füllen
Gemüse – zwei bis drei Esslöffel voll
Sahne – ein Spritzer zum Verfeinern

Wie viel Wasser sollte ich trinken?
Versuchen Sie, drei Liter am Tag zu trinken. Zu viel führt zur Überwässerung, und weniger könnte Ihren Nieren schaden.

Welches Eiweiß-Getränk ist empfehlenswert?
Vergleichen Sie die Angebote in Ihrem Reformhaus oder Ihrer Apotheke, und wählen Sie eins mit wenigen Kohlenhydraten. Gewöhnen Sie sich daran, nicht aromatisierte zu trinken. Sie selbst können einen Spritzer Vanilleextrakt oder einen Teelöffel Erdnussbutter dazugeben. Und vergessen Sie nicht, etwas Crème Double oder Sahne hinzuzufügen, um Geschmack und Konsistenz zu verbessern.

Warum muss ich auf Koffein verzichten und wann darf ich es wieder zu mir nehmen?
Koffein kann die Gewichtsabnahme verlangsamen und sogar verhindern. Das muss nicht bei jedem Menschen der Fall sein, aber um sicherzugehen, sollten Sie in den ersten zwei Wochen darauf verzichten. Danach ist es Ihre Entscheidung.

Wann darf ich wieder Alkohol trinken?
Kein Alkohol während der ersten zwei Wochen. Danach dürfen Sie klare Schnäpse trinken – ideal ist Wodka mit Soda und einem Stück Zitrone. Weißwein können wir nicht empfehlen, da er recht kohlenhydratreich ist. Aber ein Glas ab und zu wird nicht schaden, solange es bei einem Glas in der Woche und nicht pro Abend bleibt...

Wann darf ich wieder Schokolade essen?
In Phase 2 dürfen Sie gelegentlich – nicht täglich – kleine Mengen Schokolade mit 70 Prozent Kakaoanteil zu sich nehmen. Und natürlich darf es keine ganze Tafel werden.

Wann darf ich wieder Milch trinken?
Lassen Sie es besser sein. In Milch befindet sich Lactose, eine Zuckerart. Zucker = Kohlenhydrate. Sahne beinhaltet wesentlich weniger Lactose als Milch, weshalb sie in dieser Diät erlaubt ist.

Darf ich Joghurt essen?
Nicht in Phase 1.

Darf ich Wasser mit Kohlensäure statt stillem Wasser trinken?
Täglich ein paar kleine Gläser sind in Ordnung, mehr sollte es aber nicht werden.

Darf ich Crème fraîche essen?
Ja.

Darf ich Hüttenkäse essen?
Nicht in Phase 1, aber ab Phase 2.

Darf ich Früchtetees trinken?
Ja. Probieren Sie verschiedene aus. Es gibt heute sowohl in Bioläden als auch in Supermärkten wunderbare Mischungen zu kaufen.

Darf ich Süßstoff benutzen?
Sie dürfen Süßstoff benutzen. Wir verwenden ihn sogar in einigen Rezepten, raten von einer regelmäßigen Verwendung jedoch ab. Zum einen ist Süßstoff ein chemischer Zuckeraustauschstoff und damit kein Naturprodukt. Zum anderen gewöhnt man sich schnell an die Süße, und Ziel dieser Diät soll ja gerade sein, dass Sie sich dauerhaft an eine weniger süße und damit kohlenhydratärmere Ernährung gewöhnen. Wenn Sie aber weiterhin gesüßte Speisen zu sich nehmen, kommen Sie nie los von Ihrer Abhängigkeit.

Wie lange dauert Phase 1?
Wir empfehlen, so lange bei Phase 1 zu bleiben, bis Sie nur noch rund sechs bis acht Kilo von Ihrem Zielgewicht entfernt sind. Sie können auch schon früher zu Phase 2 wechseln, müssen dann aber damit rechnen, langsamer abzunehmen.

Warum nehme ich nicht weiter ab?
So eine Phase ist während einer Diät völlig normal. Ihr Körper muss sich zwischendurch immer wieder »zurechtrücken«. Halten Sie sich einfach nur weiter strikt an unseren Diätplan, und weichen Sie kein bisschen davon ab. Denken Sie daran: Auch der kleinste Betrug hat fatale Folgen, denn Sie gewöhnen Ihren Körper an eine neue Art, Essen zu verarbeiten. Selbst kleinste Mengen an zusätzlichen Kohlenhydraten ab und zu verhindern den Gewichtsverlust.

Warum bekomme ich Kopfschmerzen?
Das kann möglich sein, weil Sie auf Koffein und Zucker verzichten. Ein zweiter Grund ist Wassermangel. Warten Sie nicht erst, bis Sie durstig sind, bevor Sie etwas trinken. Zu diesem Zeitpunkt hat bereits eine Austrocknung begonnen. Trinken Sie Ihr Wasser!

Warum ist mein Urin so gelb?
Die Nahrungsergänzungsmittel – vor allem Vitamin B –, die Sie zu sich nehmen, färben den Urin gelb.

Warum bin ich launisch?
Sie haben einiges zu bewältigen. Lassen Sie also auch mal die Zügel locker. Vergessen Sie nicht, dass es Jahre dauerte, bis Sie so dick wurden. Schlank werden geht nicht über Nacht. Während Sie diesem Weg folgen, werden Sie vielfältigen Versuchungen ausgesetzt sein. Es ist unser Hauptanliegen, Ihre Einstellung zum Essen zu verändern und Sie zum Nachdenken über das, was Sie essen und wie Sie essen, anzuregen. Veränderungen sind oft schmerzhaft. Stellen Sie sich Ihren Gefühlen, und versuchen Sie, erhobenen Hauptes Schritt für Schritt durchzuhalten. Übrigens kann es auch einfach sein, dass Sie Ihre Periode bekommen.

Ich treibe intensiv Sport – darf ich vor dem Training Kohlenhydrate zu mir nehmen?
Einige Teilnehmer an unserem Programm trainieren für einen Marathonlauf. Wenn Sie dazu gehören, dürfen Sie schon Kohlenhydrate zum Frühstück essen (Haferbrei, aber nicht mehrere Scheiben Toast mit Marmelade). Wenn Sie lediglich ins Fitnessstudio gehen, reicht ein eiweißhaltiges Frühstück vollkommen aus. Bei uns war das der Fall.

Die Rezepte

Wie erkenne ich den Glykämischen Index bei Lebensmitteln?
Sie können im Internet nachschauen, sollten sich aber nicht wirklich darum kümmern. Alles, was Sie über den Glykämischen Index wissen müssen, finden Sie im Diät-Buch »Das Speck-weg-Programm«.

Menüvorschläge

Hier nun einige Tagesmenü-Vorschläge für Phase 1. Die Sternchen weisen auf Rezepte hier im Buch hin.

Menü 1
Frühstück   Parmaschinken mit Mozzarella
Mittag   Feta, Schinkenscheiben, Kresse und Datteltomaten
Abend   Sellerie-Bravas*

Menü 2
Frühstück   Rührei indischer Art*
Mittag   Krabbenküchlein*
Abend   Thailändische Hackbällchen mit Erdnusssoße*

Menü 3
Frühstück   Rührei mit gebratenen Pilzen
Mittag   Kokos-Kürbis-Auflauf*
Abend   Tandoori-Hühnerleber mit Koriander-Minze-Dip*

Die Rezepte

Menü 4
Frühstück Frühstücksspeck mit Avocado im Ofen überbacken*
Mittag Hühnerleberpastete* mit Stangensellerie
Abend Moussaka*

Menü 5
Frühstück Geräucherter Schinken mit Tomaten
Mittag Omelette á la Gordon Bennett*
Abend Butterhühnchen* mit Brokkoli

Menü 6
Frühstück Butternutkürbis mit Speck und Walnüssen*
Mittag Lachs-Rillettes*
Abend Filetsteak in Rotwein-Stilton-Soße*, grüner Salat

Menü 7
Frühstück Ricotta-Muffins*
Mittag Chorizo Rapido*
Abend Lachs-Feta-Auflauf*

Menü 8
Frühstück Molke-Eiweiß-Shake*
Mittag Rote Paprika mit Käse-Spinat-Füllung*
Abend Schinken-Lauch-Blauschimmelkäse-Pie*

Menüvorschläge

Menü 9
Frühstück   Räucherlachs-Kräuterfrischkäse-Rolle
Mittag   Hühnerleber-Salat*
Abend   Wurstauflauf*

Menü 10
Frühstück   Ei-Würstchen-Muffins*
Mittag   Scharfer thailändischer Rindfleischsalat*
Abend   Lachs-Rilettes* mit Stangensellerie

Menü 11
Frühstück   Rührei indischer Art*
Mittag   Salatsuppe mit Parmaschinken-Chips und
            Basilikum-Öl*
Abend   Geschmorter Schweinebauch*

Menü 12
Frühstück   Würzige Wurst mit Salsa-Dip
Mittag   Zucchinisuppe mit Ingwer-Zwiebeln*
Abend   Geschmorte Lammschulter*, Blumenkohl-
            püree* und Brokkoli

Menü 13
Frühstück   Parmaschinken mit Mozzarella
Mittag   Salat mit Feta, Oliven und Butternutkürbis*
Abend   Cornedbeef-Haschee*

Die Rezepte

Menü 14
Frühstück Halbe Avocado mit einem Teelöffel Erdnussbutter
Mittag Salat von gegrillter Aubergine mit Tahin-Dressing*
Abend Kabeljau mit Kräutern und Tomaten

Menü 15
Frühstück Gefüllte Salatblätter mit Räucherlachs, Mascarpone und Avocado
Mittag Gegrillte Champignons mit Gorgonzola-Soße*
Abend Estragon-Hühnchen* mit Grünkohl

Menü 16
Frühstück Hartgekochte Eier mit Selleriesalz
Mittag Thailändische grüne Avocadosuppe*
Abend Keema* mit fein geraspeltem Weißkohl

Menü 17
Frühstück Kalte Wiener Würstchen mit Senf
Mittag Einfache Fischpastete* mit Stangensellerie
Abend Gegrillte Champignons mit Gorgonzola-Soße*

Menüvorschläge

Menü 18
Frühstück   Schinken-Frischkäse-Röllchen
Mittag   Quiche mit grünem Salat
Abend   Bees Chili-Auflauf*

Menü 19
Frühstück   Halbe Avocado, mit Frischkäse gefüllt
Mittag   Sellerie Dauphinoise*
Abend   Knusprig gebratene Ente mit Sesam* und Spinat

Menü 20
Frühstück   Ricotta-Muffins*
Mittag   Kedgeree*
Abend   Forelle mit Mandeln*

Menü 21
Frühstück   Rührei indischer Art*
Mittag   Backkürbissuppe mit Parmesan und Speck*
Abend   Rinderfilet mit Rucola und Parmesan*

Menü 22
Frühstück   Parmaschinken mit Mozzarella
Mittag   Garnelen-Pakoras*
Abend   Rindfleischtopf*

Die Rezepte

Menü 23
Frühstück   Räucherlachs-Kräuterfrischkäse-Rolle
Mittag   Eier Florentine mit Curry*
Abend   Pikanter Käsekuchen*

Menü 24
Frühstück   Salamischeiben mit Brie
Mittag   Würzige Frühlingsrollen mit Tamarinden-Dip*
Abend   Falscher Shepherd's Pie*

Menü 25
Frühstück   Molke-Eiweiß-Shake*
Mittag   Salade Niçoise*
Abend   Schnelles Garnelen-Curry*

Menü 26
Frühstück   Auberginen-Paprika-Muffins*
Mittag   Croque Monsieur*
Abend   Paella*

Menü 27
Frühstück   Hartgekochte Eier mit Selleriesalz
Mittag   Bohnensalat mit Krebsfleisch und Pistazien*
Abend   Schweinefleisch-Ravioli mit Olivenpaste*

Menü 28
Frühstück   Bratwürstchen
Mittag   Blumenkohlsuppe mit Curry*
Abend   Hähnchen mit Zitronen-Eier-Soße*, Spinat

Menü 29
Frühstück   Würzige Wurst mit Salsa-Dip
Mittag   Falsche Pizza*
Abend   Würzig marinierte Lammkrone* mit Frühkohl

Menü 30
Frühstück   Ricotta-Muffins*
Mittag   Blumenkohl-Soufflé*
Abend   Thailändische Lachsküchlein* mit Spinat

Gewürzmischungen, Öle, Marinaden und aromatisierte Butter

Wenn Sie sich nicht zu aufwendigem Kochen überwinden können, ein einfaches schmuckloses Stück Fleisch aber auch nicht mögen, finden Sie hier die Möglichkeit, mit wenig Aufwand viel Geschmack zu zaubern.

Wenn man täglich Eiweiß und grünes Blattgemüse essen muss, kann es bald langweilig werden. Deshalb finden Sie in diesem Kapitel einige köstliche Ideen, um Ihre Eiweiß-Gemüse-Portionen aufzupeppen.

Gewürzmischungen

Im Prinzip sind Gewürzmischungen so etwas wie trockene Marinaden – Sie reiben damit Ihr Fleisch oder Ihren Fisch ein. Mischen Sie alle Zutaten miteinander und füllen Sie jede Mischung in ein verschraubbares Glas oder eine gut verschließbare Plastikbox. Reiben Sie bei Bedarf das Stück Fisch oder Fleisch Ihrer Wahl mit einigen Löffeln einer Mischung ein – am besten eine halbe Stunde vor dem Kochen, dann kann sich der Geschmack gut entfalten.

Cajun-Gewürzmischung
4 EL Paprikapulver
3 EL Chilipulver
1 EL Senfpulver
1 EL gemahlener schwarzer Pfeffer
1 EL gemahlener weißer Pfeffer
1 EL Knoblauchpulver
1 EL Zwiebelpulver
1 EL gemahlener Kreuzkümmel
1 EL getrockneter Rosmarin
1 EL getrockneter Thymian
1 EL getrockneter Oregano
1 EL Salz

Zitronen-Gewürzmischung
2 TL fein geriebene Zitronenschale
2 durchgepresste Knoblauchzehen
1 TL Rosmarin
½ TL getrockneter Thymian
½ TL schwarzer Pfeffer
1 großzügige Prise Salz

Die Rezepte

Tandoori-Gewürzmischung
2 TL Knoblauchpulver
2 TL Paprikapulver
1 TL Cayennepfeffer
1 TL gemahlener Koriander
1 TL gemahlener Kreuzkümmel
1 TL gemahlener Ingwer
¼ TL gemahlener Kardamom
¼ TL gemahlener Zimt
1 TL Salz

Mixed Spice
1 ¼ TL gemahlener Piment
1 ¼ TL gemahlener Zimt
1 TL gemahlene Nelken
¾ TL gemahlene Muskatnuss
1 bis 2 Prisen schwarzer Pfeffer
je 2 Prisen Salz und brauner Zucker

Marokkanische Gewürzmischung
½ TL gemahlene Gewürznelken
½ TL Kreuzkümmelsamen
½ TL Koriandersamen
½ TL Bockshornkleesamen
½ TL schwarze Pfefferkörner
2 EL Paprikapulver
½ TL gemahlener Ingwer
½ TL gemahlener Kardamom
¼ TL gemahlener Zimt
¼ TL Chilipulver
¼ TL gemahlener Piment
1 TL Salz

Mahlen Sie alle ganzen Gewürze in einer sauberen Kaffeemühle oder in einer Küchenmaschine und mischen Sie das Pulver mit den bereits gemahlenen Zutaten. Wenn Sie keine Möglichkeit zum Mahlen haben, verwenden Sie ausschließlich schon gemahlene Gewürze; alle ganzen Zutaten können auch gemahlen gekauft werden.

Öle

Im Supermarkt können Sie viele aromatisierte Öle finden. Geben Sie einige Tropfen davon auf den gegrillten Fisch oder das gegrillte Fleisch und Sie erhalten ein wunderbares Aroma. Wir bevorzugen Öle mit Chili, Knoblauch, Sesam, Avocado und Zitrone.

Marinaden

Marinierte Speisen werden saftiger und geschmackvoller. Säurehaltige Zutaten wie Essig oder Zitrone machen das Fleisch darüber hinaus auch noch zarter. Rühren Sie einfach alle Zutaten zusammen und lassen Sie das Fleisch oder den Fisch möglichst 24 Stunden im Kühlschrank darin ziehen.

Grundmarinade
100 ml Öl (Oliven- oder Erdnussöl)
Saft und geriebene Schale einer großen Zitrone
2 Knoblauchzehen, zerdrückt
1 TL Salz
½ TL frisch gemahlener schwarzer Pfeffer

Thailändische Marinade

100 ml Erdnussöl
Saft und geriebene Schale von 2 Limetten
1 TL asiatische Fischsoße
1 EL Tamari Sojasoße
1 EL frischer Koriander, fein gehackt
1 TL Zitronengras, klein geschnitten
1 TL Ingwer, klein gehackt
1 frische Chilischote, klein geschnitten

Einfache Kräutermarinade

100 ml Öl
1 EL frische Petersilie, gehackt
1 TL frischer Rosmarin, gehackt
1 TL frischer Thymian, gehackt
2 EL Apfelessig
½ TL Salz

Kokosmarinade (wundervoll zu Garnelen, Fisch oder Hühnchen)

75 g Kokoscreme und 75 ml heißes Wasser
(alternativ: 140 ml = 1 kleine Dose ungesüßte Kokosmilch)
2 Knoblauchzehen
1 bis 2 scharfe frische Chilischoten, grob gehackt
1 kleine Zwiebel, geschält und gewürfelt

Die Kokoscreme im heißen Wasser auflösen. Alle Zutaten im Mixer oder mit einem Zauberstab so lange zerkleinern, bis eine Paste entstanden ist. Über Garnelen, Fisch oder Hühnchen geben und eine Stunde ziehen lassen. Die Garnelen auf Spieße stecken und grillen.

Aromatisierte Butter

Aromatisierte Butter ist sehr leicht herzustellen und wertet jedes Stück Grillfleisch und einige gedämpfte Gemüsesorten auf. Einfach 125 g weiche Butter mit Ihrem Lieblingszusatz im Mixer mischen (oder mit einer Gabel zerdrücken). Geben Sie die fertige Butter auf etwas Frischhaltefolie und formen Sie sie zu einer Rolle. So eingewickelt können Sie die Butter gut einfrieren und bei Bedarf ein Stück zu heißem Fleisch, Fisch oder Gemüse abschneiden. Hier sind einige Vorschläge:

Petersilienbutter
Geben Sie 3 EL klein gehackte Petersilie und einen Spritzer Zitronensaft zur Butter.

Korianderbutter
Geben Sie 1 EL klein gehackten frischen Koriander, 1 TL Limettensaft und – je nach Geschmack – einige Spritzer Tabasco zur Butter.

Anchovisbutter
Geben Sie sechs Anchovisfilets, die fein geriebene Schale einer Zitrone und eine kleine Hand voll Petersilie zur Butter.

Meerrettichbutter
Rühren Sie 2 TL scharfen Meerrettich aus dem Glas unter die Butter.

Roquefortbutter
Geben Sie 125 g Roquefort-Käse zur Butter und vermengen Sie alles mit einer Gabel.

Die Rezepte

Olivenbutter
Mischen Sie 1 EL Olivenpaste und einen Spritzer Zitronensaft in die Butter.

Basilikumbutter
Arbeiten Sie eine große Hand voll frischer Basilikumblätter und zwei Knoblauchzehen in die Butter ein.

Minzbutter
Geben Sie eine große Hand voll frischer Minzeblätter und 1 TL Apfelessig zur Butter.

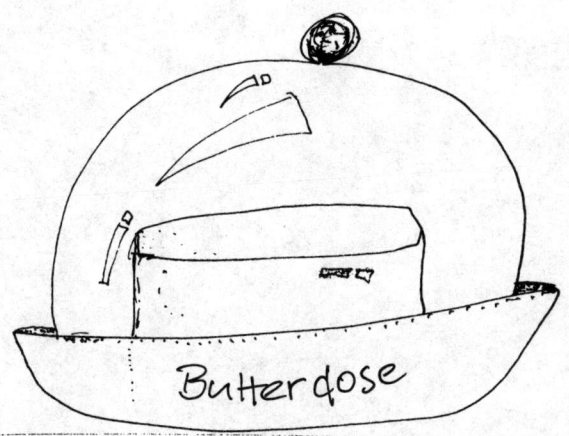

Frühstück

Wie wir anfangs bereits erwähnten, stellt die kohlenhydratarme Ernährung vor allem für das Frühstück eine Herausforderung dar. Nur wenige Menschen haben morgens die Zeit, aufwendiger zu kochen. Darüber hinaus ist der Magen um 7:30 Uhr bei den meisten Menschen noch nicht besonders belastbar. Deshalb machen wir hier einige Vorschläge, die selbst den müdesten und mattesten Gaumen erfreuen werden.

Schnelles Frühstück

All das können Sie schnell auf die Hand essen.
- Hartgekochte Eier mit Selleriesalz
- Eiermayonnaise
- Gefüllte Eier
- Salamischeiben
- Würzige Wurst
- Würzige Wurst mit Salsa-Dip
- Schinken-Frischkäse-Röllchen
- Schinken-Senfmayonnaise-Röllchen
- Parmaschinken-Taleggio-Röllchen
- Parmaschinken-Mozzarella-Röllchen
- Zwiebel-Pakoras
- Eine Hand voll Nüsse
- Selleriestangen mit Frischkäse
- Selleriestangen mit Erdnussbutter
- Selleriestangen mit Leberpastete
- Selleriestangen mit Blauschimmelkäse-Dip
- Roastbeef-Meerrettichmayonnaise-Röllchen
- Käseplatte
- Käsewürfel mit eingelegten Silberzwiebeln
- Räucherlachs-Kräuterfrischkäse-Röllchen
- Brathähnchen mit Pestomayonnaise
- Auberginen-Feta-Röllchen
- Frittatastückchen
- Quichestücke ohne Rand
- Kalte Wiener Würstchen mit Senf
- Würstchen-Speck-Röllchen
- Knusprige Speckstreifen mit Eiermayonnaise
- Feta mit Olivenpaste
- Riesengarnelen mit Mayonnaise

Die Rezepte

- Riesengarnelen mit Salsa-Dip
- Krebsfleisch (möglichst direkt frisch aus der Schale)
- Geräucherte Makrele mit Meerrettichmayonnaise
- Kalte thailändische Fleischbällchen mit Erdnusssoße
- Kalte Fleischbällchen mit Senfmayonnaise
- Jedes kalte Curry-Gericht
- Eine halbe Avocado
- Eine halbe Avocado mit Rahmfrischkäse gefüllt
- Eine halbe Avocado mit Erdnussbutter gefüllt
- Hering in Tomatensoße aus der Dose mit gehackter roher Zwiebel

MOLKE-EIWEISS-SHAKE

Für 1 Person
1 Messlöffel Molke-Eiweiß-Pulver
1 Glas ungesüßte Sojamilch
Aroma Ihrer Wahl (Vanilleextrakt, Erdnussbutter, Nuss, Crème Double)

Verrühren Sie alle Zutaten mit einem Löffel oder einer Gabel und genießen Sie Ihren Shake.

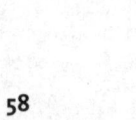

Frühstück

FRÜHSTÜCKSSPECK MIT AVOCADO IM OFEN ÜBERBACKEN

Für 1 Person
4 Scheiben Streifenspeck
1 reife Avocado, halbiert und entkernt
1 EL Salsa-Dip
50 g gut schmelzender Käse (Taleggio, Cheddar, Stilton, Gruyère)
2 EL Crème Double (oder Crème fraîche)

1 Heizen Sie den Backofengrill vor.
2 Braten Sie den Speck in einer Pfanne, bis er knusprig ist und schneiden Sie ihn dann in Stückchen.
3 Füllen Sie beide Avocadohälften in folgender Reihenfolge: Salsa-Dip, Speck, Käse, Crème Double.
4 Grillen Sie die Avocado auf der untersten Ebene des Backofens, bis die Oberfläche bräunlich ist und Bläschen bildet.

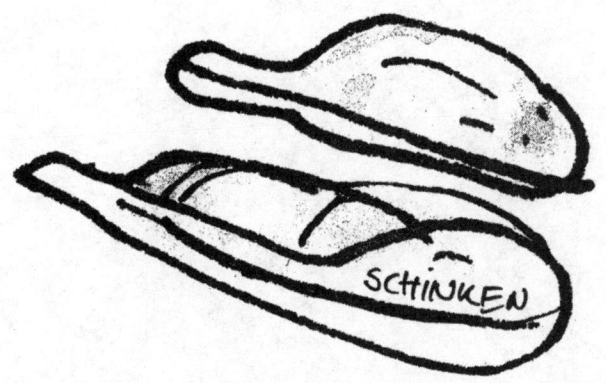

Die Rezepte

CORNEDBEEF-CANNELONI

Für 2 Personen
1 kleine Zwiebel, geschält und in sehr feine Streifen geschnitten
Öl zum Braten
50 g Parmesan, frisch gerieben
4 EL Rahmfrischkäse oder Mascarpone
4 Cherrytomaten, geviertelt
½ grüne Paprika, klein gewürfelt
4 Scheiben Cornedbeef (frisch aufgeschnitten vom Metzger und nicht aus der Dose)

1 Heizen Sie den Ofen auf 180 °C/Gas Stufe 4 vor.
2 Braten Sie die Zwiebel in einer Pfanne in etwas Öl an, bis sie glasig ist.
3 Vermischen Sie Zwiebel, Parmesan, Rahmfrischkäse, Tomaten und Paprika. Streichen Sie etwas von der Füllung auf jede Scheibe Cornedbeef und rollen Sie es dann wie eine Zigarre zusammen. Legen Sie die Canneloni auf ein mit Backpapier ausgelegtes Blech und lassen Sie sie 20 Minuten lang im Ofen auf mittlerer Schiene garen.

Frühstück

CHAMPIGNONS MIT BLUMENKOHLFÜLLUNG

Für 1 Person
1 Ei, Eigelb vom Eiweiß getrennt
1 Spritzer Sahne
2 gehäufte TL Blumenkohlpüree (siehe Seite 244)
1 Prise frisch geriebene Muskatnuss
2 große Wiesenchampignons, Stiele entfernt
1 EL Parmesan, frisch gerieben

1 Heizen Sie den Ofen auf 180 °C/Gas Stufe 4 vor.
2 Vermischen Sie Eigelb, Sahne, Blumenkohlpüree und Muskatnuss sorgfältig miteinander.
3 Schlagen Sie das Eiweiß zu Eischnee und heben Sie es vorsichtig unter die Blumenkohlmischung.
4 Füllen Sie die Mischung mit einem Löffel in die Champignonköpfe, geben Sie den geriebenen Parmesan darüber und backen Sie die Pilze im Ofen, bis sich die Masse etwas hebt und eine goldbraune Färbung angenommen hat.
Wenn Sie mögen, können Sie auf die Füllung noch einige Schinken- oder knusprige Speckwürfel oder auch Butterflöckchen geben.

Die Rezepte

BUTTERNUTKÜRBIS MIT SPECK UND WALNÜSSEN

Für 1 Person
½ kleiner Butternutkürbis
etwas Öl
4 Scheiben geräucherter Streifenspeck
6 Walnusshälften, grob gehackt
1 EL Sherry-Essig

1 Heizen Sie den Ofen auf 190 °C/Gas Stufe 5 vor.
2 Entkernen Sie den Kürbis, bestreichen Sie ihn mit Öl und backen Sie ihn, bis er weich ist.
3 Während der Kürbis im Ofen ist, würfeln Sie den Speck und braten ihn in einer beschichteten Pfanne knusprig. Geben Sie die Walnüsse dazu und braten Sie sie etwa 30 Sekunden lang mit. Geben Sie nun den Essig dazu, lassen Sie alles kurz aufkochen und nehmen Sie die Pfanne dann von der Herdplatte.
4 Holen Sie den Kürbis aus dem Ofen und legen Sie ihn auf eine Servierplatte. Zerdrücken Sie das Kürbisfleisch in der Schale mit einer Gabel und geben Sie dann die Speck-Walnuss-Mischung darüber.

Frühstück

PERFEKT GEBRATENE WÜRSTCHEN

Für 2 bis 3 Personen
1 kleines Stück Butter
1 Spritzer Erdnussöl
8 Würstchen
1 Zwiebel, in feine Scheiben geschnitten
1 Bündel frische Kräuter (Thymian ist lecker, alle anderen Kräuter gehen aber auch)

1 Erhitzen Sie die Butter und das Öl sehr stark in einer Pfanne. Geben Sie nun die Würstchen dazu. Reduzieren Sie die Hitze auf die niedrigste Stufe und lassen Sie sie mindestens 20 Minuten lang köcheln. Danach die Würstchen noch mal 20 Minuten lang von der anderen Seite köcheln lassen. Heraus kommen wirklich außergewöhnlich köstliche Würstchen, die außen klebrig karamellisiert und innen richtig durchgegart sind.

2 Während die Würstchen in der Pfanne brutzeln, können Sie – sofern es Ihnen nicht zu viel Arbeit macht – die Zwiebel in etwas Butter anbraten, bis die Ränder leicht bräunlich werden. Geben Sie dann die Kräuter und etwas Flüssigkeit dazu – das kann übrig gebliebene Brühe, Bratensoße, ein Brühwürfel oder einfach nur Wasser sein – und lassen Sie alles köcheln, bis es cremig ist. Essen Sie die Zwiebel-Kräuter-Mischung zu den Würstchen.

Die Rezepte

RÜHREI INDISCHER ART

Für 1 Person
Butter und Erdnussöl zum Braten
1 kleine Zwiebel, in feine Scheiben geschnitten
2 Eier
1 kleine Hand voll Koriander, frisch gehackt
1 frische grüne Chilischote, klein geschnitten
1 Tomate, gewürfelt
1 Prise gemahlener Kreuzkümmel
1 Prise gemahlener Koriander
Salz und frisch gemahlener schwarzer Pfeffer

1 Erhitzen Sie die Butter und das Öl in einer Pfanne. Je kleiner die Pfanne ist, desto luftiger werden die Rühreier, da weniger direkter Kontakt zur Hitze besteht.
2 Braten Sie zunächst die Zwiebelscheiben an, bis sie leicht bräunlich und kross an den Rändern sind.
3 Vermischen Sie in der Zwischenzeit die anderen Zutaten miteinander und geben Sie sie zu den Zwiebelscheiben in die Pfanne. Verrühren Sie alles einige Minuten lang oder warten Sie einfach, bis die Eier fest sind.

FALSCHE PFANNKUCHEN

Ergibt 6 große oder 8 kleine Pfannkuchen
40 g gemahlener (oder geschroteter) Leinsamen
60 g gehackte Walnüsse
50 g fein gemahlene Mandeln
2 TL gemahlener Zimt
¼ TL Meersalz
4 EL Süßstoff
4 große Eier
250 ml ungesüßte Sojamilch
1 TL Backpulver

Nur in Phase 2.
Sie sollten am besten Leinsamenmehl (im Reformhaus oder Bioladen erhältlich) kaufen, in einer Kaffeemühle oder einer Küchenmaschine gemahlen, wird das Mehl nicht fein genug. Leinsamen ist sehr gesund, weil er reich an Omega-3-Fettsäuren ist.

1 Mahlen Sie Leinsamen, Walnüsse, Mandeln, Zimt, Salz und Süßstoff so lange in der Küchenmaschine, bis auch die Walnüsse komplett zerkleinert sind.

2 Vermischen Sie die Eier mit der Hälfte der Sojamilch und geben Sie die Walnussmischung dazu. Lassen Sie die Schüssel abgedeckt mindestens eine Stunde (höchstens über Nacht) im Kühlschrank stehen.

3 Geben Sie direkt vor dem Braten das Backpulver und die restliche Sojamilch dazu und rühren Sie gut um.

4 Erhitzen Sie eine mit Öl ausgepinselte Pfanne und geben Sie einzelne Teigkleckse hinein, so dass dicke kleine Pfannkuchen und keine Crêpes entstehen. Braten Sie sie ungefähr zwei Minuten lang oder so lange, bis die Unterseite bräunlich ist. Wenden Sie sie dann. Sie können die Pfannkuchen mit Butter bestreichen und, wenn Sie mögen, auch noch etwas Vanilleextrakt darüber geben.

FETA-ZWIEBEL-MUFFINS

Ergibt 12 Stück
Öl zum Einfetten und Braten
2 rote Zwiebeln, in Scheiben geschnitten
100 g Feta, zerkrümelt
Blätter von 3 Thymianzweigen
12 Eier
120 g Crème Double (oder Crème fraîche)
120 ml Wasser

1 Heizen Sie den Ofen auf 190 °C/Gas Stufe 5 vor und fetten Sie eine Form für 12 Muffins mit Öl ein.
2 Braten Sie die Zwiebeln leicht in Öl an, bis sie glasig sind. Verteilen Sie Zwiebeln, Käse und Thymianblätter auf die Muffinförmchen.
3 Verrühren Sie die Eier, die Crème Double und das Wasser und geben Sie die Masse über den Käse und die Zwiebeln.
4 Backen Sie die Muffins 30 Minuten lang auf der obersten Schiene, bis sie eine goldbraune Farbe annehmen. Lassen Sie das Ganze etwas abkühlen, bevor Sie die Muffins aus der Form nehmen.

KÜRBIS-BRIE-SALBEI-MUFFINS

Ergibt 12 Stück
Öl und Butter zum Einfetten und Braten
½ kleiner Butternutkürbis, gewürfelt
6 frische Salbeiblätter, gehackt
100 g Briekäse, gewürfelt
12 Eier
120 ml Crème Double (ersatzweise Crème fraîche oder Sahne)
120 ml Wasser

1 Heizen Sie den Ofen auf 190 °C/Gas Stufe 5 vor und fetten Sie eine Form für 12 Muffins ein.
2 Braten Sie das Kürbisfleisch in Öl und Butter, bis es weich ist. Geben Sie in den letzten Minuten den Salbei dazu. Verteilen Sie das Kürbisfleisch und die Briewürfel auf die Förmchen.
3 Verrühren Sie die Eier mit der Crème Double und dem Wasser und geben Sie diese Masse über Kürbis und Brie.
4 Backen Sie die Muffins 30 Minuten lang auf der obersten Schiene, bis sie eine goldbraune Farbe annehmen. Lassen Sie das Ganze etwas abkühlen, bevor Sie die Muffins aus der Form nehmen.

Die Rezepte

RÄUCHERFISCH-MUFFINS

Ergibt 12 Stück
Öl zum Einfetten
150 gekochter und geräucherter Schellfisch (oder geräucherter Heilbutt)
1 TL Kreuzkümmelsamen, in einer beschichteten Pfanne geröstet und dann im Mörser zerdrückt
1 kleine Hand voll frische Korianderblätter
12 Eier
120 ml Crème Double (ersatzweise Crème fraîche oder Sahne)
120 ml Wasser

1 Heizen Sie den Ofen auf 190 °C/Gas Stufe 5 vor und fetten Sie eine Form für 12 Muffins ein.
2 Entfernen Sie die Fischhaut und zerpflücken Sie den Fisch. Verteilen Sie die Stückchen auf die Förmchen und geben Sie die zerdrückten Kreuzkümmelsamen sowie einige Korianderblätter darüber.
3 Verrühren Sie die Eier mit der Crème Double und dem Wasser und geben Sie die Masse über den Fisch.
4 Backen Sie die Muffins 30 Minuten lang auf der obersten Schiene, bis sie eine goldbraune Farbe annehmen. Lassen Sie das Ganze etwas abkühlen, bevor Sie die Muffins aus der Form nehmen.

AUBERGINEN-PAPRIKA-MUFFINS

Ergibt 12 Stück
Öl zum Einfetten
1 große Aubergine, in 1 cm dicke Würfel geschnitten
1 rote Paprika, in 1 cm dicke Würfel geschnitten
2 EL Öl
2 Knoblauchzehen, zerdrückt
100 g Fontina, Taleggio oder anderer gut schmelzender Käse
12 Eier
120 ml Crème Double (ersatzweise Crème fraîche oder Sahne)
120 ml Wasser

1 Heizen Sie den Ofen auf 190 °C/Gas Stufe 5 vor und fetten Sie eine Form für 12 Muffins ein.
2 Vermischen Sie die Auberginen- und Paprikawürfel mit dem Öl. Verteilen Sie die Mischung auf einem Backblech und backen Sie das Gemüse im Ofen, bis es weich und an den Rändern vereinzelt schwarz ist.
3 Verteilen Sie Gemüse, Knoblauch und Käse auf die Förmchen.
4 Verrühren Sie die Eier mit der Crème Double und dem Wasser und geben Sie die Masse über das Gemüse und den Käse.
5 Backen Sie die Muffins 30 Minuten lang auf der obersten Schiene, bis sie eine goldbraune Farbe annehmen. Lassen Sie das Ganze etwas abkühlen, bevor Sie die Muffins aus der Form nehmen.

Die Rezepte

SCHARFE GARNELEN-KOKOS-MUFFINS

Ergibt 12 Stück
100 g rohe Riesengarnelen
1 kleine Hand voll frische Korianderblätter
200 ml Kokoscreme
1 TL thailändische grüne Curry-Paste
12 Eier

1 Heizen Sie den Ofen auf 190 °C/Gas Stufe 5 vor und fetten Sie eine Form für 12 Muffins ein.
2 Schneiden Sie die Garnelen in kleine Stücke und verteilen Sie sie zusammen mit den Korianderblättern auf die Förmchen.
3 Verrühren Sie die Kokoscreme mit der grünen Curry-Paste und den Eiern. Geben Sie die Mischung über die Garnelen.
4 Backen Sie die Muffins 30 Minuten lang auf der obersten Schiene, bis sie eine goldbraune Farbe annehmen. Lassen Sie das Ganze etwas abkühlen, bevor Sie die Muffins aus der Form nehmen.

EI-WÜRSTCHEN-MUFFINS

Ergibt 12 Stück
Erdnussöl
455 g Bratwurst
1 mittelgroße Zwiebel, in Scheiben geschnitten (optional)
12 Eier
120 ml Crème Double (ersatzweise Crème fraîche oder Sahne)
120 ml Wasser
Meersalz
170 g geriebener Cheddar

1 Heizen Sie den Ofen auf 190 °C/Gas Stufe 5 vor und fetten Sie eine Form für 12 Muffins ein.
2 Enthäuten Sie die Bratwürste und braten Sie sie in etwas Öl, bis sie braun sind (wenn Sie mögen, mit Zwiebel; sie werden köstlich karamellisiert). Verteilen Sie das Gebratene auf die Förmchen.
3 Verrühren Sie die Eier mit der Crème Double und dem Wasser. Salzen Sie die Masse, geben Sie sie über das Fleisch und bestreuen Sie alles mit dem Käse.
4 Backen Sie die Muffins 30 Minuten lang auf der obersten Schiene, bis sie eine goldbraune Farbe annehmen. Lassen Sie das Ganze etwas abkühlen, bevor Sie die Muffins aus der Form nehmen.

Die Rezepte

RICOTTA-MUFFINS

Ergibt 4 Stück
Olivenöl
2 Knoblauchzehen, zerdrückt
1 EL Pinienkerne
100 g Baby-Spinat
250 g Ricotta
1 Ei, verschlagen
2 EL frischer Schnittlauch, gehackt

1 Heizen Sie den Ofen auf 190 °C/Gas Stufe 5 vor und fetten Sie eine Form für 4 Muffins ein (oder verwenden Sie einzelne Papierförmchen).

2 Braten Sie den Knoblauch in Öl, bis er bräunlich ist und duftet, und geben Sie dann die Pinienkerne dazu (lassen Sie die Pfanne keinen Augenblick aus den Augen, da Pinienkerne sehr schnell verbrennen). Geben Sie nun den Spinat dazu und rühren Sie so lange, bis dieser zusammenfällt. Gut abkühlen lassen.

3 Vermischen Sie die Spinatmischung in einer Schüssel mit dem Käse, dem Ei und dem Schnittlauch und verteilen Sie die Masse auf die Muffinförmchen.

4 Backen Sie die Muffins etwa 15 Minuten (schauen Sie nach zehn Minuten nach), bis sie aufgegangen und braun sind. Lassen Sie das Ganze etwas abkühlen, bevor Sie die Muffins aus der Form nehmen.

Frühstück

GEMISCHTE-BEEREN-MUFFINS

Ergibt 12 Stück
Öl zum Einfetten
1 kleine Schale Blaubeeren
1 kleine Schale Himbeeren
12 Eier
120 ml Crème Double (ersatzweise Crème fraîche oder Sahne)
100 ml Wasser
2 EL Süßstoff
½ TL Vanilleextrakt

Nur in Phase 2
1 Heizen Sie den Ofen auf 190 °C/Gas Stufe 5 vor und fetten Sie eine Form für 12 Muffins ein.
2 Verteilen Sie die Beeren auf die Förmchen.
3 Verrühren Sie die Eier mit der Crème Double, dem Wasser, dem Süßstoff und dem Vanilleextrakt und geben Sie die Masse über die Beeren.
4 Backen Sie die Muffins 30 Minuten lang auf der obersten Schiene, bis sie eine goldbraune Farbe annehmen. Lassen Sie die Muffins etwas abkühlen, bevor Sie sie aus der Form nehmen.

Leichte Mahlzeiten für mittags oder zwischendurch

Wenn Sie gerade nicht in der Stimmung sind, sich die Schürze umzubinden und fürstlich aufzukochen, sind die folgenden Rezepte genau richtig. Diese Gerichte sind schnell und einfach herzustellen und trotzdem köstlich. Neris hat im ersten Jahr ihrer Diät viele dieser Rezepte ausprobiert. Man muss wirklich nicht Stunden in der Küche verbringen, um sich an das »Speck-weg-Programm« halten zu können. Natürlich müssen Sie diese Gerichte nicht mittags zu sich nehmen: Alle Rezepte hier sind auch wunderbar als Abendessen oder sogar Frühstück geeignet.
Wann Sie das essen, liegt ganz bei Ihnen.

Schnelle Snacks fürs Büro

Ein altmodischer Sandwichladen, in dem die Zutaten für ein Sandwich in Schalen hinter einer Glasvitrine ausliegen, oder ein guter Feinkostladen bietet mannigfaltige Möglichkeiten für einen leckeren Mittagssnack. Alternativ können Sie diese Leckereien selber für die Mittagspause vorbereiten. Wählen Sie aus den folgenden Vorschlägen aus. Gönnen Sie sich ruhig eine großzügige Portion, sie kommen gut ohne Brot aus.

- Garnelen mit Mayonnaise
- Eier mit Mayonnaise
- Thunfisch mit Mayonnaise
- Knuspriger Frühstücksspeck
- Tomatenscheiben
- Gurkenscheiben
- Avocado, in Scheiben geschnitten
- Oliven, in Scheiben geschnitten
- Räucherlachs
- Rahmfrischkäse
- Jede andere Käsesorte – Mozzarella mit Tomate und Avocado ist lecker
- Roastbeef (sehr fein mit Meerrettich)
- Braten – von Schwein, Lamm usw.
- Schinken
- Fisch jeder Art
- Salami oder anderer Fleischaufschnitt
- Würste
- Leberpastete
- Taramas (In griechischen Geschäften erhältlich. Fragen Sie nach, ob Brot darin verarbeitet wurde.)

Die Rezepte

Fragen Sie, ob diese leckeren Dinge als Salat zu bekommen sind. Sie können Blattsalat und Dressing dazunehmen (aber aufpassen, dass kein Zucker drin ist). Mit den Salatblättern kann man wunderbare Wraps herstellen. Die sind dann vielleicht nicht besonders aufregend, langweiliger als das klassische Mittagssandwich sind sie aber auch nicht.

KRABBENKÜCHLEIN

Für 2 Portionen
230 g Krabbenfleisch
230 g gekochter weißer Fisch (zum Beispiel Kabeljau), gehäutet, entgrätet und zerteilt
1 EL frische Petersilie, gehackt
je 1 EL rote und grüne Paprika, fein gewürfelt
2 EL Mayonnaise
2 Eier, verschlagen
1 TL Backpulver
1 EL Worcestershire-Soße
1 gehäufter TL Cajun-Gewürzmischung
Öl und Butter zum Braten

1 Vermischen Sie alle Zutaten außer dem Öl und der Butter miteinander und lassen Sie alles für eine Stunde im Kühlschrank ruhen.
2 Verrühren Sie die Mischung noch einmal und formen Sie mit einem Löffel kleine Küchlein – so gut es geht, die Mischung ist etwas matschig. Die Küchlein werden dann beim Braten fest.
3 Erhitzen Sie das Öl und die Butter in einer beschichteten Pfanne und braten Sie die Küchlein sanft von beiden Seiten, bis sie fest und goldbraun sind.

Leichte Mahlzeiten für mittags oder zwischendurch

4 Die Küchlein schmecken herrlich, wenn Sie Zitronenspalten und Mayonnaise, mit grobkörnigem Senf vermischt, dazu reichen.
In Phase 2 und 3 können Sie die Küchlein vor dem Braten noch in Sojamehl wenden.

EIER FLORENTINE MIT CURRY

Für 4 Personen
200 g Spinat
6 hartgekochte Eier
1 kleine Zwiebel, in dünne Scheiben geschnitten
1 EL Öl
1 EL Currypulver*
300 ml Crème Double (ersatzweise Crème fraîche oder Sahne)
1 EL Kokosraspel
50 g geriebener Parmesan oder Cheddar (oder beides gemischt)

1 Heizen Sie den Ofen auf 180 °C/Gas Stufe 4 vor.
2 Geben Sie den Spinat in ein Küchensieb und übergießen Sie ihn mit kochendem Wasser (manchmal muss man diesen Vorgang wiederholen, bis der Spinat zusammenfällt). Mit einem kleinen Teller pressen Sie den Spinat im Sieb zusammen, bis so viel Wasser wie möglich abgelaufen ist. Danach können Sie den Spinat mit einem scharfen Messer klein schneiden.
3 Verteilen Sie den Spinat auf dem Boden einer feuerfesten Form. Halbieren Sie die geschälten Eier und legen Sie sie mit der Schnittfläche auf den Spinat.
4 Braten Sie die Zwiebelscheiben langsam im Öl, bis sie karamel-

---

* Sie müssen kein fertiges Currypulver verwenden – machen Sie sich Ihre Gewürzmischung doch selber, wenn Sie mögen. Viel Spaß beim Experimentieren!

lisiert und goldbraun sind. Geben Sie das Currypulver dazu und braten Sie es für eine weitere Minute mit. Nun kommt die Crème Double hinzu. Lassen Sie alles einmal aufkochen, reduzieren Sie dann die Hitze und lassen Sie alles so lange köcheln, bis eine dickliche Soße entstanden ist. Rühren Sie noch das Kokospulver unter und verteilen Sie die Soße über den Eiern.
5 Streuen Sie den Käse darüber und backen Sie den Auflauf, bis er goldbraun ist und Bläschen wirft.

GARNELEN-PAKORAS

Ergibt 12 Stück
250 g rohe Riesengarnelen
1 TL Knoblauch, zerdrückt
1 TL Ingwer, gerieben
1 TL Garam Masala (im Asialaden erhältlich)
Saft einer Zitrone
150 g gemahlene Mandeln
1 TL Schwarzkümmelsamen
1 große grüne Chilischote, klein gehackt
   (entkernt, wenn Sie mögen)
1 TL Backpulver
1 EL Koriander, frisch gehackt
1 Ei
100 ml Crème Double (ersatzweise Crème fraîche)
Erdnussöl zum Braten

1 Hacken Sie die Garnelen grob und mischen Sie sie mit dem Knoblauch, dem Ingwer, dem Garam Masala und dem Zitronensaft. Lassen Sie die Garnelenmischung rund eine Stunde im Kühlschrank marinieren.

Leichte Mahlzeiten für mittags oder zwischendurch

2 Vermischen Sie Mandeln, Schwarzkümmelsamen, Chili, Backpulver, Koriander und Ei miteinander. Geben Sie so viel Crème Double dazu, dass ein dicklicher Teig entsteht. Gut schlagen. Heben Sie dann die Garnelen unter den Teig.

3 Erwärmen Sie bei geringer Hitze einen dünnen Ölfilm in einer beschichteten Stielkasserolle. Wenn das Öl heiß ist, formen Sie mit Hilfe eines Dessertlöffels kleine Häufchen aus der Garnelenmischung und geben diese in die Pfanne. Lassen Sie die Pakoras mindestens drei Minuten auf einer Seite braten, bis sie eine Kruste haben – die Pakoras sind sehr zerbrechlich. Dann mit einem Bratwender wenden und weitere drei Minuten braten lassen, bis sie auf beiden Seiten fest und goldbraun sind.

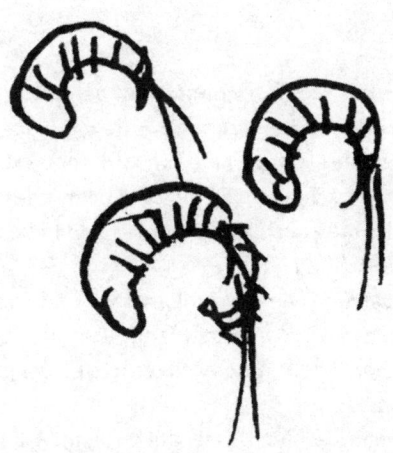

Die Rezepte

ZWIEBEL-PAKORAS

Ergibt 25 Stück
1 TL Kreuzkümmelsamen
200 g gemahlene Mandeln
½ TL Kurkuma
1 TL Salz
½ TL Backpulver
2 frische grüne Chilischoten, klein gehackt (entkernt, wenn Sie mögen)
4 Eier, Eigelb vom Eiweiß getrennt
100 ml Crème Double (ersatzweise Crème fraîche)
3 mittelgroße Zwiebeln, halbiert und in dünne Scheiben geschnitten
Erdnussöl zum Braten
Frischer Koriander, gehackt
Frische Minze, gehackt

1 Rösten Sie die Kreuzkümmelsamen bei mittlerer Hitze in einer Pfanne an, bis sie duften. Lassen Sie sie dann abkühlen.
2 Vermischen Sie sie mit Mandeln, Kurkuma, Salz, Backpulver und Chilischoten. Verschlagen Sie die Eigelbe mit der Crème Double.
3 Schlagen Sie die Eiweiße zu Eischnee und heben Sie diesen unter die Mandelmischung.
4 Arbeiten Sie die Zwiebelscheiben nach und nach in den Teig ein.
5 Geben Sie so viel Öl in eine Pfanne, dass es etwa einen halben Zentimeter hoch steht, und erhitzen Sie es bei niedriger bis mittlerer Temperatur.
6 Formen Sie mit einem Dessertlöffel kleine Häufchen und geben Sie sie in die Pfanne. Braten Sie die Pakoras von beiden Seiten so lange, bis sie tiefbraun und knusprig sind.
7 Gleich heiß mit Minze und Koriander bestreut servieren.

CROQUE MONSIEUR

Für 4 Personen
1 Käse-Knoblauch-Brot, nach dem Rezept von Seite 96
    bis einschließlich Stufe 3 fertiggestellt
1 großzügiges Stückchen Butter
2 EL Rahmfrischkäse
40 g geriebener Käse – vorzugsweise Gruyère,
    es geht aber auch reifer Cheddar
1 EL Senf
4 Scheiben guter gekochter Schinken
Erdnussöl zum Braten

1 Schneiden Sie das Brot in dünne Scheiben, die Sie dann noch einmal diagonal durchschneiden, so dass Sandwichdreiecke entstehen. Bestreichen Sie jede Scheibe dünn mit Butter und legen Sie sie mit der Butterseite nach unten auf ein Brett.
2 Vermischen Sie den Rahmfrischkäse mit dem geriebenen Käse und dem Senf und bestreichen Sie die Hälfte der Brotscheiben damit. Legen Sie gekochten Schinken darüber und decken Sie je eine der nur gebutterten Sandwichscheiben darauf, Butterseite nach außen. Drücken Sie die Sandwiches so fest wie möglich zusammen.
3 Erhitzen Sie einen kleinen Spritzer Öl in einer Pfanne und braten Sie die Sandwiches bei niedriger Temperatur, bis sie auf beiden Seiten goldbraun sind und die Füllung heiß ist.
In Phase 2 und 3 können Sie die Sandwiches auch mit dünn geschnittenem Vollkornbrot zubereiten.

Die Rezepte

HÜHNERLEBERPASTETE

Für 6 Personen
230 g Hühnerleber
115 g Butter
einige frische Salbeiblätter
150 ml Crème Double (oder Crème fraîche)

1 Waschen Sie die Leber und schneiden Sie alle unappetitlich wirkenden Teile ab. Hühnerleber sieht generell etwas unappetitlich aus, lassen Sie sich also nicht zu Überreaktionen hinreißen. Doch alles, was auch nur im Geringsten grün aussieht, muss weg. Sehnen und Fettstückchen dürfen Sie ruhig mitverarbeiten. Haben Sie Vertrauen!
2 Erhitzen Sie 30 g Butter in einer kleinen Bratpfanne und braten Sie die Leber darin, bis sie braun, innen aber noch weich ist. Bei Druck mit Ihrem Finger sollte sich das Fleisch etwa so fest wie Ihre Nasenspitze anfühlen.
3 Nehmen Sie die Leber mit einem Löffel aus der Pfanne und geben Sie sie in einen Mixer. Brutzeln Sie die Salbeiblätter noch einige Sekunden lang im Bratfett und geben Sie beides zur Leber dazu.
4 Mixen Sie alles gut durch und kratzen Sie zwischendurch das, was an den Seiten hängen bleibt, wieder herunter. Geben Sie so viel von der Crème Double dazu, dass die Mischung weich und geschmeidig wird. Füllen Sie die Masse in eine Schüssel, streichen Sie die Oberfläche glatt und stellen Sie alles zum Abkühlen in den Kühlschrank.
5 Erhitzen Sie den Rest der Butter, bis sich Flüssigkeit und feste Bestandteile voneinander trennen. Geben Sie das Flüssige, die geklärte Butter, vorsichtig über die Pastete.
6 Frieren Sie die Pastete ein, bis Sie sie brauchen.
In Phase 2 und 3 dürfen Sie auch etwas Cognac hinzufügen. Einfach die Salbeiblätter aus dem Bratfett nehmen, Cognac hinzugießen und aufkochen, bis Bläschen entstehen. Dann alles in den Mixer geben.

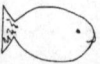

OMELETTE À LA GORDON BENNETT

Für 2 Personen (oder 1 besonders hungrige)
Öl zum Braten
3 Frühlingszwiebeln, gehackt
1 frische rote Chilischote, in feine Scheiben geschnitten
1 Stückchen Butter
3 Eier, verschlagen
75 g würzige Chorizo-Wurst, klein geschnitten
50 g Gruyère, gerieben

1 Erhitzen Sie 1 TL Öl in einer kleinen beschichteten Pfanne. Geben Sie die Frühlingszwiebeln und die Chilischote hinein und braten Sie sie, bis die Zwiebeln weich sind. Leeren Sie die Pfanne und wischen Sie sie mit Küchenpapier aus. Geben Sie einen weiteren Spritzer Öl und die Butter hinein.
2 Wenn die Butter nicht mehr schäumt, geben Sie die verschlagenen Eier hinein. Wenn das Ei zu stocken beginnt, heben Sie es vorsichtig mit einer Gabel an, so dass das noch flüssige Ei darunterlaufen und fest werden kann. Verfahren Sie weiter so, bis fast keine Flüssigkeit mehr übrig ist und lassen Sie die Masse dann ruhen. Währenddessen geben Sie die Zwiebelmischung und die Chorizo in die Mitte des Omelettes und bedecken alles mit dem Käse.
3 Klappen Sie das Omelette mit Hilfe eines Bratwenders in der Mitte zusammen und lassen Sie es auf einen Teller gleiten.
In Phase 2 dürfen Sie klein geschnittene rote Paprika dazugeben. In Phase 3 verfeinern Sie das Ganze noch mit gekochten kalten Kartoffelscheiben.

Die Rezepte

EINFACHE FISCHPASTETE

Für 2 Personen
150 g Räucherfisch (Makrele, Räucherlachs, geräucherte Forelle,
   was immer Sie mögen, auch Thunfisch aus der Dose)
150 g Rahmfrischkäse
Saft einer Zitrone (oder mehr, wenn Sie mögen)
½ TL Paprikapulver

Nicht wirklich ein Rezept, weil es so einfach ist:
1 Geben Sie den Fisch zusammen mit dem Rahmfrischkäse, dem Zitronensaft und dem Paprikapulver in den Mixer und pürieren Sie alles gut durch.
2 Servieren Sie die Pastete mit knackigen Salatblättern oder Gurkensticks zum Naschen.

KEDGEREE

Für 1 besonders hungrige Person oder 2 Personen, dann mit Salat
1 Spritzer Olivenöl
60 g Butter
1 Zwiebel, halbiert und in Scheiben geschnitten
1 kleiner Blumenkohl, geputzt und gerieben
120 ml Brühe (zum Beispiel Instant-Gemüsebrühe)
1 gestrichener Dessertlöffel Currypulver
115 g geräucherter Schellfisch, pochiert und zerteilt
2 EL Crème Double (oder Crème fraîche)
2 hartgekochte Eier (wenn Sie mögen)
2 EL frische Petersilie, gehackt

Wenn Sie geräucherten Schellfisch mögen, ist dies ein köstliches Gericht. Sie können aber auch geräucherte Heringsfilets oder gekochtes Hühnerfleisch und Garnelen verwenden.

1 Erhitzen Sie das Öl in einer hohen Bratpfanne und geben Sie die Butter dazu. Wenn sie nicht mehr schäumt, fügen Sie die Zwiebel hinzu und lassen sie schnell anbraten, bis die Ränder bräunlich werden.

2 Geben Sie den Blumenkohl dazu und verrühren Sie alles, bis das Gemüse vollständig vom Bratfett umgeben ist. Jetzt kommen die Brühe und das Currypulver hinein. Lassen Sie alles ein paar Minuten lang köcheln, bis der Blumenkohl weich und die Brühe eingekocht ist.

3 Rühren Sie nun vorsichtig den Fisch unter und geben Sie die Crème Double dazu.

4 Schälen und vierteln Sie die Eier. Servieren Sie das Kedgeree garniert mit den Eiern und darüber gestreuter Petersilie.

Geben Sie in Phase 3 noch einige gekochte Linsen dazu.

Die Rezepte

GRUNDREZEPT FÜR QUICHE

Für 4 bis 6 Personen
TEIG
100 g Haselnüsse
150 g gemahlene Mandeln
Salz
125 g Butter
FÜLLUNG
3 große Eier
140 ml Crème Double (oder Crème fraîche)
150 g geriebener Käse

1 Heizen Sie den Ofen auf 180 °C/Gas Stufe 4 vor.
2 Legen Sie eine Springform mit 24 cm Durchmesser mit Backpapier aus. Rösten Sie die Haselnüsse langsam in einer Pfanne ohne Fett, bis sie etwas dunkler sind. Sie können ein leichtes Knistern hören. Mahlen Sie die Nüsse sofort, bis sie etwa die Größe von Kekskrümeln haben.
3 Vermischen Sie die Haselnüsse in einer Schüssel mit den gemahlenen Mandeln und einer Prise Salz. Schmelzen Sie die Butter und verrühren Sie sie sorgfältig mit der Nussmischung. Geben Sie nun den Teig in die Backform und streichen Sie ihn mit der Rückseite eines Löffels glatt. Drücken Sie auch am Rand etwas Teig fest – das gestaltet sich manchmal etwas schwierig, aber geben Sie nicht auf. Lassen Sie den Quiche-Boden jetzt etwa eine halbe Stunde lang im Kühlschrank ruhen.
4 Verrühren Sie inzwischen die Eier mit der Crème Double. Verteilen Sie dann zunächst den Käse auf dem Quiche-Boden und gießen Sie die Eiermischung darüber. Im Ofen ungefähr 35 Minuten lang auf mittlerer Schiene backen lassen.
5 Mit diesem Grundrezept können Sie alles Mögliche kombinieren:

gekochten Schinken, Räucherlachs, knusprigen Speck, Garnelen, klein geschnittene Würste, gegrilltes Gemüse ... die Liste ist endlos.
Geben Sie in Phase 2 oder 3 noch einige Haferflocken dazu. Das ergibt eine leckere Kruste.

WÜRZIGE FRÜHLINGSROLLEN MIT TAMARINDEN-DIP

Ergibt 12 Stück
FÜR DIE FRÜHLINGSROLLEN
4 Eier, verschlagen
50 ml Wasser
2 frische rote oder grüne Chilischoten, klein geschnitten
1 Hand voll frischer Koriander, klein gehackt
1 Hand voll Schnittlauch, gehackt
Salz und frisch gemahlener schwarzer Pfeffer
Erdnussöl zum Braten
1 kleines Paket Pfannengemüse
125 g gekochte Garnelen oder Hühnerbrust in Scheiben
2 EL Tamari Sojasoße
FÜR DEN DIP
1 EL Tamarindenmus*
50 ml Wasser
1 TL Süßstoff
1 TL Ingwer, gerieben
1 TL Knoblauch, zerdrückt
¼ TL getrocknete Chilischote, zerdrückt (wer es mag)
1 EL Tamari Sojasoße

* Tamarindenmus lässt sich leicht herstellen: Weichen Sie getrocknete Tamarinden in heißem Wasser ein und streichen Sie dann das Fruchtfleisch durch ein Sieb, so dass die Kerne zurückbleiben. (Sie können natürlich auch einfach ein Glas im Asialaden kaufen.)

Die Rezepte

1 Für den Dip brauchen Sie nur alle Zutaten zusammenzumischen. Das Ganze sollte dann etwa eine Stunde lang durchziehen.

2 Verrühren Sie Eier, Wasser, Chilischoten, Koriander, Schnittlauch, Salz und Pfeffer miteinander.

3 Erhitzen Sie eine beschichtete Pfanne und reiben Sie sie mit Hilfe eines Küchenpapiers mit Erdnussöl ein.

4 Geben Sie gerade genug von der Eiermischung in die Pfanne, dass der Boden dünn bedeckt ist. Wenn der Teig fest ist, lösen Sie ihn mit einem Bratwender vom Pfannenboden und geben ihn auf einen Teller. Verfahren Sie so mit der ganzen Eiermischung.

5 Geben Sie nun etwas mehr Öl in die Pfanne und braten Sie das Pfannengemüse darin, bis es gar, aber noch bissfest ist. Geben Sie die Garnelen oder das Hühnerfleisch und die Tamari Sojasoße dazu und lassen Sie alles heiß werden.

6 Geben Sie etwa einen Löffel von der Mischung auf einen Pfannkuchen und rollen Sie ihn zusammen.

BLUMENKOHL-SOUFFLÉ

Für 3 Personen
½ Blumenkohl
2 große Eier
1 Spritzer Sahne
1 EL frische Petersilie, gehackt
etwas geriebene Muskatnuss
1 große Hand voll geriebener Cheddar

1 Heizen Sie den Ofen auf 180 °C/Gas Stufe 4 vor.
2 Dünsten Sie den Blumenkohl, bis er sehr weich ist, und pürieren Sie ihn. Rühren Sie Eier, Sahne, Petersilie, Muskatnuss und Cheddar unter.
3 Geben Sie die Masse in eine kleine feuerfeste Form und backen Sie sie, bis sie aufgegangen und goldbraun ist.

Das Rezept können Sie für anderes gekochtes Gemüse abwandeln: Spinat, Brokkoli, Butternutkürbis und so weiter.

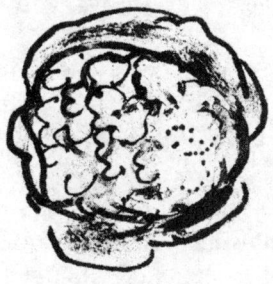

Die Rezepte

SELLERIE DAUPHINOIS

Für 1 Person
½ mittelgroßer Knollensellerie
1 Schüssel Wasser mit einem Spritzer Zitronensaft
1 kleine Zwiebel
Olivenöl und Butter zum Braten
Salz und frisch gemahlener schwarzer Pfeffer
350 ml Crème Double (oder Crème fraîche)
100 ml Sojamilch (oder Wasser)
50 g Parmesan

1 Heizen Sie den Ofen auf 180 °C/Gas Stufe 4 vor.
2 Vierteln und schälen Sie den Sellerie. Schneiden Sie ihn in Stücke, so groß wie sehr dicke Zwei-Euro-Münzen. Legen Sie diese in die Schale mit dem Zitronenwasser, damit sie nicht braun anlaufen.
3 Schälen Sie die Zwiebel und schneiden Sie sie in feine Scheiben. Lassen Sie sie in Öl und Butter langsam bräunen. Das kann 20 Minuten dauern – der Trick dabei ist, es langsam zu machen, bis die Zwiebel fast schmilzt.
4 Legen Sie eine Schicht Sellerie in eine kleine Lasagneform und geben Sie etwas von den Zwiebeln, Salz und Pfeffer darüber. Verfahren Sie so Schicht für Schicht. Die letzte Schicht sollte aus Sellerie bestehen.
5 Verrühren Sie die Crème Double mit so viel Sojamilch (oder Wasser), dass sie die Konsistenz von flüssiger Sahne erhält. Gießen Sie dann die Form fast bis zum Rand damit auf und streuen Sie reichlich Parmesan darüber.
6 Backen Sie das Selleriegericht ungefähr 45 Minuten, bis die Oberfläche Bläschen bildet und goldbraun ist. Der Sellerie ist gar, wenn man mit einem Messer leicht hineinstechen kann.

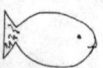

LACHS-RILLETTES

Für 4 Personen
250 g Lachsfilet
50 g Butter
½ EL frische Petersilie, fein gehackt
¼ TL Muskatblütenpulver
Zitronenspalten
Salatblätter

1 Waschen Sie den Lachs in kaltem Wasser und fühlen Sie mit den Fingern nach Gräten. Entfernen Sie diese mit einer Pinzette.
2 Legen Sie den Lachs in eine flache Mikrowellenform und bedecken Sie ihn mit Frischhaltefolie. Stellen Sie ihn für rund drei Minuten in die Mikrowelle – der Fisch sollte leicht auseinanderfallen. Passen Sie aber auf, dass er nicht verkocht. Wenn er nach drei Minuten noch nicht gar sein sollte, probieren Sie es mit weiteren 30 Sekunden. Wenn der Lachs abgekühlt ist, zerpflücken Sie ihn mit Hilfe von zwei Gabeln.
3 Schmelzen Sie die Butter mit der Petersilie und der Muskatblüte in einem kleinen Topf und verrühren Sie sie mit den Lachsstückchen. Füllen Sie die Mischung in eine Auflaufform und streichen Sie die Oberfläche glatt. Decken Sie alles mit Frischhaltefolie ab und lassen Sie es sorgfältig abkühlen. Servieren Sie die Rillette mit Zitronenspalten und Salatblättern.

Die Rezepte

FALSCHE PIZZA

Für 6 Personen
Öl oder Butter zum Einfetten
115 g Rahmfrischkäse (möglichst Zimmertemperatur)
4 große Bio-Eier, verschlagen
80 ml Crème Double (oder Crème fraîche)
30 g geriebener Parmesan
1 EL frischer Schnittlauch, gehackt
1 kleine Knoblauchzehe, gehackt
½ TL getrockneter Oregano
100 g geriebener Käse Ihrer Wahl
230 g frischer Mozzarella
120 ml passierte Tomaten
145 g Champignons, in Scheiben geschnitten und
   in etwas Olivenöl sautiert
2 Bratwürste, enthäutet, zerkrümelt und gebraten

1 Heizen Sie den Ofen auf 180 °C/Gas Stufe 4 vor. Fetten Sie eine niedrige Backform von etwa 33 x 22 cm mit Butter oder Öl ein.
2 Verrühren Sie den Frischkäse mit dem Mixer, bis er cremig weich ist, und rühren Sie dann nach und nach die Eier unter. Geben Sie Crème Double, Parmesan, Schnittlauch, Knoblauch und Oregano dazu. Verteilen Sie den Käse und die Hälfte des Mozzarellas in der Backform. Geben Sie die Eiermischung darüber und backen Sie den Teig für 30 Minuten.
3 Verteilen Sie die Tomatensoße auf dem Pizzaboden und belegen Sie ihn mit den Pilzen und dem Wurstbrät (oder gekochtem Schinken oder Speck). Bedecken Sie alles mit dem restlichen Mozzarella und lassen Sie die Pizza unter dem Grill braun werden.

ROTE PAPRIKA MIT KÄSE-SPINAT-FÜLLUNG

Für 2 Personen
1 große oder 2 kleine rote Paprika
100 g gefrorener Spinat
1 Ei
4 frische Salbeiblätter, klein geschnitten
1 Prise Mixed Spice
100 g Hüttenkäse
50 g Feta
2 EL geriebener Parmesan

1 Heizen Sie den Ofen auf 200 °C/Gas Stufe 6 vor.
2 Halbieren Sie die Paprika der Länge nach, ohne die Stiele abzuschneiden. Entfernen Sie die Kerne und waschen Sie die Paprikahälften. Legen Sie sie wie kleine Schälchen nebeneinander.
3 Tauen Sie den Spinat auf und drücken Sie ihn gründlich aus, damit überschüssiges Wasser ablaufen kann.
4 Verschlagen Sie das Ei mit dem Salbei und der Würzmischung und geben Sie die restlichen Zutaten dazu. Die Mischung darf ruhig etwas klumpig bleiben. Füllen Sie damit die Paprikahälften.
5 Backen Sie die Paprika auf einem Backblech für 25 Minuten.

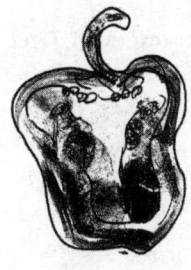
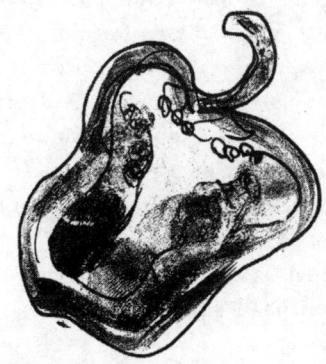

Die Rezepte

KÄSE-KNOBLAUCH-BROT

Ergibt etwa 6 Portionen
300 g gemahlene Mandeln
1 TL Salz
1 TL Backpulver
4 Eier
4 EL Olivenöl
2 EL Erdnussöl
3 (oder mehr!) Knoblauchzehen, zerdrückt
75 g weiche Butter
1 Hand voll frische Petersilie, gehackt
100 g Mozzarella, gewürfelt

Obwohl dies ein Gericht der Phase 1 ist, enthält es doch einiges an Kohlenhydraten. Essen Sie also nicht gleich das ganze Brot ... oder höchstens einmal im Monat.

1 Heizen Sie den Ofen auf 180 °C/Gas Stufe 4 vor.
2 Vermischen Sie die gemahlenen Mandeln mit dem Salz und dem Backpulver. Verschlagen Sie die Eier und das Öl mit Hilfe eines Holzlöffels. Sollte die Mischung etwas fest sein, geben Sie löffelweise etwas Wasser hinzu, bis die Mischung vom Löffel tropft, wenn man ihn am Schüsselrand abklopft.
3 Verteilen Sie diesen Teig auf zwei beschichtete oder geölte Kuchenformen von je 20 cm Durchmesser und streichen Sie die Oberfläche glatt. Backen Sie die Brote 20 Minuten lang. Dann nehmen Sie sie aus dem Ofen, lösen sie vom Rand und stürzen sie zum Abkühlen auf ein Kuchengitter.
4 Vermischen Sie den Knoblauch mit der Butter und der Petersilie.
5 Legen Sie die eine Brotscheibe auf ein großes Stück Alufolie und bestreichen Sie sie mit der Knoblauchbutter. Streuen Sie den Moz-

zarella darüber und bedecken Sie das Ganze mit der zweiten Brotscheibe. Wickeln Sie das Brot in Alufolie ein.

6 Lassen Sie es im Ofen noch einmal knapp 15 Minuten lang backen, bis es heiß und der Mozzarella zerlaufen ist.

Sie können den Käse auch durch geriebene Zitronenschale ersetzen, wenn Sie mögen. Oder Sie verwenden einen anderen Käse – Gorgonzola ist wundervoll. Man kann dem Teig auch frischen Rosmarin hinzufügen – schmeckt herrlich.

KOKOS-KÜRBIS-AUFLAUF

Für 2 bis 4 Personen
½ sehr großen Butternutkürbis (etwa 600 g)
1 TL Currypulver
1 Prise Salz
1 Dose Kokosmilch

Nur in Phase 2 und 3.
1 Heizen Sie den Ofen auf 180 °C/Gas Stufe 4 vor.
2 Schälen Sie den Kürbis und schneiden Sie ihn in 1 cm große Würfel. Geben Sie die Würfel in einen Topf, gießen Sie kochendes Wasser darüber und lassen Sie den Kürbis etwa drei Minuten lang köcheln. Nehmen Sie die Kürbiswürfel aus dem Wasser und geben Sie sie in eine flache feuerfeste Form. Mit Currypulver und Salz bestreuen.
3 Erhitzen Sie die Kokosmilch, bis keine Klümpchen mehr zu sehen sind und sie zu kochen anfängt. Gießen Sie sie dann über die Kürbiswürfel.
4 Backen Sie den Auflauf 20 bis 30 Minuten lang, bis er Bläschen bildet und braun ist.
In Phase 3 können Sie noch eine Dose Kichererbsen hinzufügen.

PARMESAN-CHIPS

1 Stück Parmesan (und etwas Cheddar, wenn Sie mögen)
1 Prise Cayenne Pfeffer

Nicht gerade ein Mittags-Snack oder eine leichte Mahlzeit, aber perfekt, wenn Sie Heißhunger auf etwas Knuspriges wie Chips oder Kekse haben. Und der Heißhunger wird kommen, irgendwann.

1 Heizen Sie den Ofen auf 190 °C/Gas Stufe 5 vor. Legen Sie Backpapier auf ein Backblech oder nehmen Sie ein silikonbeschichtetes Antihaft-Backblech (gute Investition, zumal diese Bleche ewig halten).

2 Reiben Sie den Käse – Parmesan oder Cheddar oder beides – grob und geben Sie eine Prise Cayennepfeffer dazu, wenn Sie es scharf mögen.

3 Setzen Sie den Käse in kleinen Häufchen aufs Backblech. Aber denken Sie daran, dass sie zerfließen, wenn der Käse schmilzt. Lassen Sie also genug Abstand zwischen den Häufchen.

4 Schieben Sie das Blech in den Ofen und lassen Sie die Chips nicht aus den Augen – sie brauchen nur wenige Minuten.

5 Lassen Sie die Chips abkühlen und nehmen Sie sie dann vom Blech. Sollten sie zu einem großen Stück zusammengelaufen sein, brechen Sie es einfach auseinander.

Take Five – Man nehme fünf

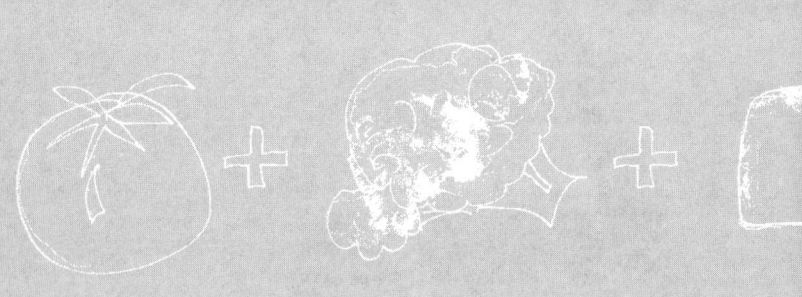

Dieses Kapitel ist einfach genial – es war Bees Idee –, wenn man keine Zeit zum Einkaufen vieler Zutaten hat, aber trotzdem gerne etwas wirklich Leckeres essen möchte. Jedes Rezept kommt mit nur fünf Zutaten aus und reicht für eine Person. Aber Achtung: Die wenigen Zutaten, die Sie haben, sollten von bester Qualität sein.

CREMIGES HÜHNCHEN MIT BOHNEN

Für 1 Person
1 Hühnerbrust
50 g grüne Bohnen
4 Cherrytomaten
½ TL Chilischote, gehackt
120 ml Crème Double (oder Crème fraîche)

Schneiden Sie die Hühnerbrust in Streifen. Dritteln Sie die Bohnen und entfernen Sie die Enden. Halbieren Sie die Tomaten. Braten Sie die Hühnerbruststreifen, bis sie weißlich sind, und fügen Sie dann die Bohnen und die Chili hinzu. Braten Sie alles weiter, bis die Bohnen weich werden. Rühren Sie die Crème Double unter und kochen Sie alles einmal auf. Geben Sie zum Schluss die Tomatenhälften dazu und servieren Sie das Gericht heiß.

Die Rezepte

CHORIZO RAPIDO

Für 1 Person
1 Fenchelknolle
1 kleine Zwiebel
½ rote Paprika
50 g Chorizo-Wurst
50 g Manchego-Käse

Schneiden Sie Fenchel, Zwiebel und Paprika in Stücke und braten Sie das Gemüse in etwas Öl und Butter, bis es weich und goldbraun ist. Schneiden Sie die Chorizo in Stücke und geben Sie sie zum Gemüse. Braten Sie unter Rühren weiter, bis die Wurst heiß ist. Geben Sie den gewürfelten Käse darüber und lassen Sie ihn schmelzen.

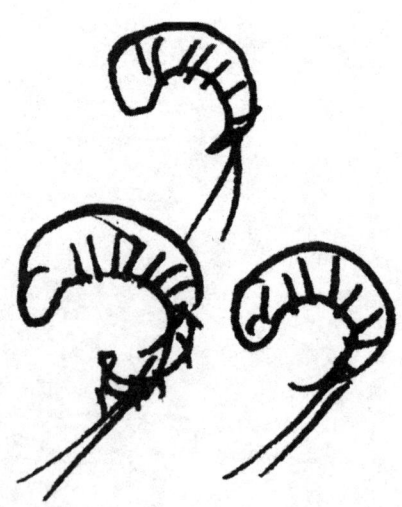

KREBS ROYAL

Für 1 Person
1 gekochter Taschenkrebs in der Schale
1 EL Crème Double (oder Crème fraîche)
15 g frische Petersilie, fein gehackt
2 Spritzer Tabasco
1 EL geriebener Parmesan

Lösen Sie das Krebsfleisch aus der Schale und vermischen Sie es mit der Crème Double, der Petersilie und dem Tabasco. Häufeln Sie es zurück in die Schale und bestreuen Sie es mit Parmesan. Grillen Sie das Ganze im Ofen, bis es Bläschen bildet und goldbraun ist.

Die Rezepte

HÜHNERLEBER-SALAT

Für 1 Person
100 g Hühnerleber
4 Scheiben Streifenspeck
12 kleine Champignons
2 EL Rotweinessig
Brunnenkresse zum Garnieren

Waschen und säubern Sie die Hühnerleber, schneiden Sie den Streifenspeck in Stückchen und reiben Sie die Champignons mit einem Küchenpapier sauber. Lassen Sie den Speck in einer geölten Pfanne aus, geben Sie die Leber und die Champignons dazu und braten Sie alles, bis die Leber rundherum braun ist und sich fest anfühlt. Gießen Sie den Rotweinessig an und kochen Sie alles für 30 Sekunden auf. Mit Brunnenkresse servieren.

FANTASTISCHE GRILL-CHAMPIGNONS

Für 1 Person
1 großer Wiesenchampignon
30 g krümeliger Ziegenkäse
1 EL gehackte Walnüsse
1 EL frische Petersilie, gehackt
½ TL grüne Pfefferkörner

Entstielen Sie den Champignon. Legen Sie den Pilz mit der Stielseite auf ein Backblech und bepinseln Sie ihn mit Öl. Grillen Sie ihn für zwei Minuten und drehen Sie ihn dann um. Vermischen Sie Käse, Walnüsse, Petersilie und Pfefferkörner miteinander und füllen Sie den Champignonkopf mit dieser Mischung. Grillen Sie ihn nun drei Minuten lang, bis er goldbraun ist.

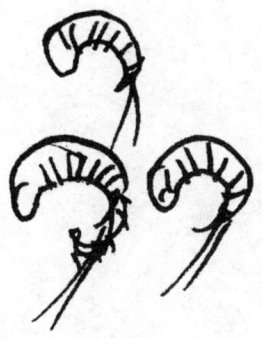

Die Rezepte

MASCARPONE-HASCHEE

Für 1 Person
1 kleine Stange Lauch
1 Zucchini
1 Hand voll frische Petersilie, gehackt
1 Rest von irgendeinem gekochten Fleisch
80 g Mascarpone

Schneiden Sie den Lauch in feine Streifen und die Zucchino in 0,5 cm dicke Würfel. Braten Sie beides in etwas Öl zwei Minuten lang, bis es weich ist. Geben Sie Petersilie und Fleisch dazu. Zum Schluss den Mascarpone, um eine cremige Soße zu erhalten.
Dieses Festessen können Sie vielseitig variieren: zum Beispiel mit kaltem Lammfleisch und frischer Minze statt Petersilie. Putenfleisch mit Sprossen statt Zucchino wäre auch wundervoll oder Schweinefilet mit geraspeltem Kohl ... Sie verstehen, was wir meinen. Die Fleischmenge spielt keine Rolle; selbst ein paar Stückchen vom Vortag verleihen diesem Essen Substanz und Geschmack.

SCHNELLES GARNELEN-CURRY

Für eine Person
300 g Tomaten, gewürfelt
5 Portionsecken gefrorener Spinat
1 gehäufter TL Currypulver
2 EL Kokosraspel
200 g Garnelen (aufgetaut)

Lassen Sie die Tomaten in einem Sieb abtropfen. Bringen Sie sie zusammen mit dem Spinat, dem Curry- und dem Kokospulver langsam zum Kochen. Lassen Sie alles für fünf Minuten leicht köcheln, bis der Spinat aufgetaut und eine dickliche Soße entstanden ist. Stellen Sie die Herdplatte aus und fügen Sie die Garnelen hinzu. Lassen Sie alles noch etwa eine Minute lang stehen, bis Sie servieren.

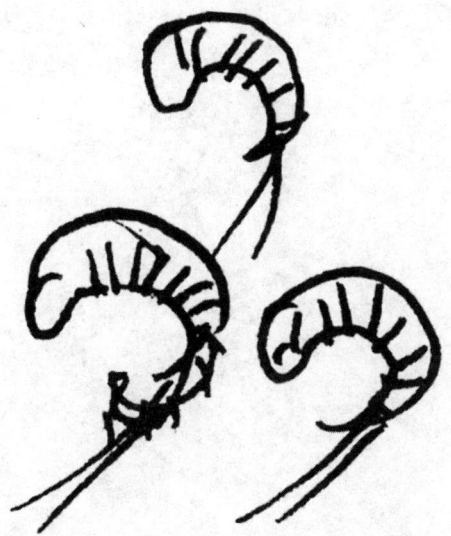

Die Rezepte

CHAMPAGNER-LACHS

Für 1 Person
100 g Lachsfilet ohne Gräten und Haut
6 Spargelstangen
50 g Butter
15 g frischer Schnittlauch, gehackt
50 ml Champagner

Legen Sie den Lachs in eine flache Mikrowellen-Form, decken Sie ihn mit Frischhaltefolie ab und geben Sie ihn zwei Minuten lang bei voller Stärke in die Mikrowelle. Der Fisch sollte in der Mitte gerade eben gar sein (er wird noch leicht weitergaren). Wenn nicht, überprüfen Sie jeweils nach weiteren 30 Sekunden. Reiben Sie den Spargel mit etwas Öl ein und backen Sie ihn im Ofen, bis er weich ist. Schmelzen Sie die Butter und geben Sie den Schnittlauch sowie die aufgefangene Lachsflüssigkeit hinzu. Verschlagen Sie Butter und Champagner mit dem Schneebesen zu einer Soße und reichen Sie diese zum Lachs und dem Spargel.

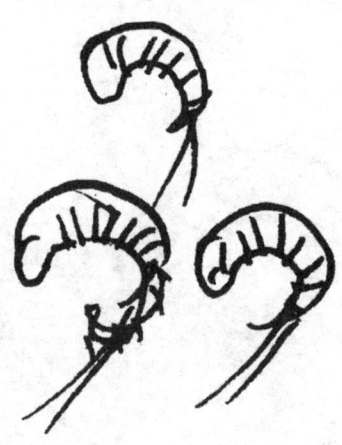

RÄUCHERFISCH-FRITTATA

Für 1 Person
2 Eier
2 EL Crème Double (oder Crème fraîche)
1 großes, heiß geräuchertes Fischfilet (Lachs, Makrele, Hering)
15 g frischer Schnittlauch, gehackt
3 gehäufte EL geriebener Parmesan

Heizen Sie den Ofengrill vor. Verrühren Sie die Eier mit der Crème Double. Zerpflücken und enthäuten Sie den Fisch (prüfen Sie nach, ob Sie noch Gräten entfernen müssen). Erhitzen Sie ein Stückchen Butter in einer kleinen beschichteten Pfanne. Gießen Sie die Eiermischung hinein und geben Sie die Fischstückchen mit dem Schnittlauch darüber. Wenn die Eiermasse fast gestockt ist, streuen Sie den Parmesan darüber und stellen die Pfanne unter den Ofengrill, bis das restliche Ei fest und der Käse braun ist. Sie können warm oder kalt servieren.

Die Rezepte

AVOCADO MIT WARMEM DRESSING

Für 1 Person
1 Avocado
4 Scheiben Streifenspeck, in feine Streifen geschnitten
1 EL Pinienkerne
20 ml Sherry- oder Apfelessig
30 g krümeliger Stilton-Käse

Schälen Sie die Avocado, lösen Sie den Stein heraus und schneiden Sie sie klein. Braten Sie den Speck in einer beschichteten Pfanne knusprig und geben Sie ihn über die Avocado. Rösten Sie die Pinienkerne im Speckfett, bis sie goldbraun sind. Gießen Sie den Essig dazu und lassen Sie ihn kurz aufkochen, so dass sich der Bodensatz leicht von der Pfanne lösen lässt. Geben Sie dieses Dressing über den Speck und die Avocado und garnieren Sie mit den Stilton-Krümeln.

Pikante Lammkoteletts

Für 1 Person
3 Lammkoteletts mit Fett
1 TL Olivenpaste
1 TL Tomatenmark
frische Petersilie, grob gehackt
fein geriebene Schale einer Zitrone

Grillen Sie die Lammkoteletts unter dem heißen Grill, bis das Fett goldbraun und knusprig ist. Bestreichen Sie die Oberseiten der Koteletts mit Olivenpaste und Tomatenmark und grillen Sie sie für weitere 30 Sekunden. Bestreuen Sie die Koteletts vor dem Servieren mit Petersilie und Zitronenschale.

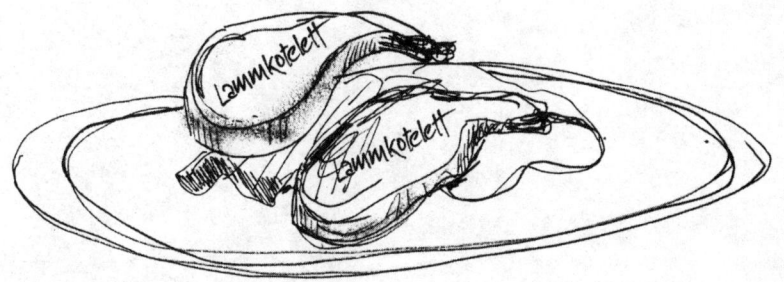

Suppen

Schlicht und einfach, wärmend, gemütlich und winterlich (oder manchmal auch frisch und sommerlich). Dazu kommt: Suppen kochen sich praktisch von allein. Außerdem bieten sie eine fantastische Möglichkeit, Gemüse herunterzuschlucken, ohne es wirklich zu bemerken.

BACKKÜRBISSUPPE MIT PARMESAN UND SPECK

Für 2 Personen
1 Butternutkürbis
Olivenöl zum Einpinseln
500 bis 750 ml Gemüse- oder Hühnerbrühe
   (Brühwürfel sind in Ordnung, Instant-Pulver ist besser)
2 EL geriebener Parmesan
4 dünne Scheiben knuspriger Frühstücksspeck

1 Heizen Sie den Ofen auf 190 °C/Gas Stufe 5 vor.
2 Halbieren Sie den Kürbis der Länge nach. Pinseln Sie ihn mit Olivenöl ein und lassen Sie ihn etwa eine Stunde lang im Ofen backen (je nach Größe), bis er weich ist.
3 Löffeln Sie das Kürbisfleisch aus der Schale, pürieren Sie es und geben Sie es in einen Topf. Fügen Sie so viel Brühe hinzu, bis Ihnen die Konsistenz zusagt, und köcheln Sie die Suppe bei mittlerer Hitze ungefähr 20 Minuten lang.
4 Garnieren Sie jeden Teller mit einem gehäuften Esslöffel Parmesan und etwas knusprigem Speck.

Mit etwas Rosmarin auf dem Kürbis und einigen Spritzern Trüffel-Öl in der Suppe setzen Sie dem Ganzen die Krone auf.

Die Rezepte

SALATSUPPE MIT PARMASCHINKEN-CHIPS UND BASILIKUM-ÖL

Für 2 Personen
8 Scheiben Parmaschinken
1 großes Bündel Basilikum, dicke Stängel entfernt
120 ml mildes Olivenöl oder Erdnussöl
50 g Butter
2 EL Olivenöl
1 Stange Lauch, geputzt und in feine Scheiben geschnitten
4 Salatblätter (große, weiche, »altmodische« Kopfsalatblätter), gewaschen und grob geschnitten
¼ TL Muskatblütenpulver
500 ml Gemüse- oder Hühnerbrühe

1 Heizen Sie den Ofen auf 230 °C/Gas Stufe 8 vor.
2 Backen Sie den Parmaschinken auf einem beschichteten (oder mit Backpapier ausgelegten) Backblech, bis er braun ist – das dauert nicht lange, weshalb Sie ein wachsames Auge haben sollten. Der Schinken wird erst beim Auskühlen knusprig. Wenn Sie gekräuselte Chips möchten, spießen Sie die Schinkenscheiben vor dem Backen wellenförmig auf geölte Spieße.
3 Pürieren Sie das Basilikum mit den 120 ml Öl im Mixer oder mit dem Zauberstab. Legen Sie ein kleines Sieb über eine Schüssel, kleiden Sie es mit Küchenpapier aus und geben Sie die Basilikummasse zum Abseien hinein.
4 Braten Sie den Lauch vorsichtig in den 2 EL Olivenöl und der Butter, bis er weich, aber nicht braun ist.
5 Geben Sie den Salat dazu und rühren Sie so lange, bis er ganz vom Fett bedeckt ist. Decken Sie den Topf mit einem Deckel oder etwas Alufolie ab und reduzieren Sie die Hitze auf das absolute Minimum. Lassen Sie es etwa zehn Minuten so stehen oder so lange, bis der Salat zusammengefallen ist.

Suppen

6 Gießen Sie die Brühe dazu und lassen Sie die Suppe weitere fünf Minuten lang köcheln. Pürieren Sie alles mit dem Zauberstab, so dass eine weiche, samtige Konsistenz entsteht. Servieren Sie die Suppe mit einigen Spritzern Basilikum-Öl pro Teller und reichen Sie die Parmaschinken-Chips dazu.

THAILÄNDISCHE GRÜNE AVOCADOSUPPE

Für 4 Personen
2 reife Avocados
230 ml Crème Double (oder Crème fraîche)
2 EL ungesüßte Kokosflocken (oder -raspel)
700 ml Gemüse- oder Hühnerbrühe
1 EL thailändische grüne Paste
frische Korianderblätter und Limettenspalten zum Garnieren

1 Halbieren und entkernen Sie die Avocado. Löffeln Sie das Fleisch aus der Schale und pürieren Sie es mit einem Klecks von der Crème Double.
2 Grillen Sie die Kokosflocken auf einem Backblech, bis sie eine goldene Färbung haben. Aber Achtung: Sie verbrennen sehr leicht.
3 Bringen Sie die restliche Crème Double zusammen mit der Brühe und der thailändischen grünen Paste in einem Topf zum Köcheln und rühren Sie dann das Avocado-Püree hinein. Die Suppe darf jetzt nicht mehr kochen!
4 Garnieren Sie die Suppe mit den gerösteten Kokosflocken und dem Koriandergrün und reichen Sie Limettenspalten dazu.

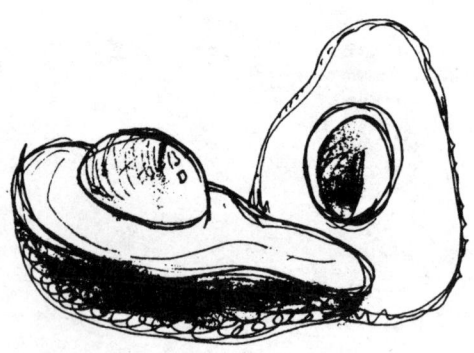

Suppen

ZUCCHINISUPPE MIT INGWER-ZWIEBELN

Für 4 Personen
1 mittelgroße Zwiebel, geschält, halbiert und in feine Scheiben geschnitten
Öl zum Braten
1 kleine Zucchini, in kleine Stangen geschnitten
1 etwa 1 cm großes Stück frischer Ingwer, geschält und gerieben
50 g Butter
1 weitere mittelgroße Zwiebel, geschält und klein geschnitten
2 Knoblauchzehen, geschält und klein gehackt
1 kg Zucchini, grob geschnitten
1 l Gemüse- oder Hühnerbrühe
200 ml Crème Double (oder Crème fraîche)
Salz und frisch gemahlener schwarzer Pfeffer

1 Braten Sie die Zwiebelscheiben in etwas Öl, bis sie Farbe annehmen. Geben Sie die Zucchinistangen und den Ingwer dazu und braten Sie weiter, bis die Zwiebeln ein tiefes Goldbraun angenommen haben und die Zucchinistangen weich sind. Zur Seite stellen und abkühlen lassen.
2 Schmelzen Sie die Butter in einem großen Topf und lassen Sie darin die gehackte Zwiebel und den Knoblauch weich und goldbraun braten. Geben Sie die größere Menge Zucchinistücke dazu und lassen Sie alles unter gelegentlichem Rühren bei niedriger Temperatur zehn Minuten lang brutzeln.
3 Gießen Sie die Brühe an und lassen Sie sie einmal aufkochen. Dann etwa 15 Minuten lang köcheln lassen.
4 Nehmen Sie die Suppe von der Herdplatte und lassen Sie sie leicht abkühlen. Pürieren Sie alles mit dem Zauberstab oder im Mixer, bis die Konsistenz cremig ist.
5 Verfeinern Sie mit der Crème Double und gießen Sie noch etwas

Die Rezepte

Brühe oder Wasser hinzu, wenn die Suppe zu dickflüssig sein sollte. Salzen und pfeffern und erhitzen Sie die Suppe noch einmal unter Rühren, lassen Sie sie aber nicht mehr kochen.
6 Servieren Sie die Suppe mit den Ingwerzwiebeln und den Zucchinistangen als Einlage.

BLUMENKOHLSUPPE MIT CURRY

Für 4 Personen
1 mittelgroße Lauchstange, geputzt und in dünne Scheiben geschnitten
Öl und Butter zum Braten
1 EL Currypulver
1 l Gemüse- oder Hühnerbrühe
1 kg gefrorene Blumenkohlröschen
1 Klacks Crème Double (oder Crème fraîche)
einige frische Korianderblätter

1 Braten Sie den Lauch vorsichtig in etwas Öl und Butter, bis er weich ist. Geben Sie das Currypulver dazu und braten Sie es weitere 30 Sekunden mit.
2 Geben Sie die Brühe und den Blumenkohl dazu und lassen Sie alles kurz aufkochen. Reduzieren Sie die Temperatur und lassen Sie das Ganze köcheln, bis der Blumenkohl weich ist.
3 Pürieren Sie die Suppe mit dem Zauberstab oder im Mixer.
4 Servieren Sie mit einem Crème-Double-Wirbel und einigen Korianderblättern.

Suppen

SPINATSUPPE

Für 4 Personen
1 mittelgroße Zwiebel, gewürfelt
Öl und Butter zum Braten
500 g gefrorener Spinat
1 l Gemüse- oder Hühnerbrühe
100 ml Crème Double (ersatzweise Crème fraîche)
Salz und gemahlener schwarzer Pfeffer
Muskatnuss, frisch gerieben

1 Braten Sie die Zwiebel in Öl und Butter an, bis sie leicht Farbe annimmt.
2 Geben Sie Spinat und Brühe dazu und lassen Sie alles einmal aufkochen. Danach fünf Minuten lang köcheln lassen.
3 Pürieren Sie mit einem Zauberstab oder im Mixer.
4 Schmecken Sie die Suppe mit Crème Double, Salz, Pfeffer und Muskat ab. Sollte sie zu dicklich sein, geben Sie noch etwas Brühe hinzu und erhitzen alles noch einmal.

Die Rezepte

PILZSUPPE

Für 4 Personen
4 bis 6 getrocknete Steinpilze (Diese getrockneten Pilze werten diese Suppe geschmacklich enorm auf.)
1 Spritzer Öl
50 g Butter
1 mittelgroße Zwiebel, gewürfelt
250 g Champignons
1 l Gemüse- oder Hühnerbrühe
1 TL getrockneter Estragon
30 ml trockener Sherry (optional)
Salz und frisch gemahlener schwarzer Pfeffer
Crème Double (oder Crème fraîche) oder aromatisierte Butter (siehe Seite 51)

1 Weichen Sie die Steinpilze 20 Minuten lang in heißem Wasser ein. Gießen Sie das Wasser dann ab, bewahren Sie es aber auf.
2 Braten Sie die Zwiebel in Öl und Butter an, bis sie braun wird. Rühren Sie die Champignons hinein. Reduzieren Sie die Temperatur bis auf das Minimum, decken Sie den Topf ab und lassen Sie ihn 15 Minuten lang auf der Herdplatte stehen.
3 Nehmen Sie den Deckel ab und fügen Sie Brühe, Steinpilze, Estragon, Sherry (bei Bedarf), Einweichwasser, Salz und Pfeffer hinzu. Verrühren Sie alles gründlich, lassen Sie die Suppe aufkochen und dann zehn Minuten lang köcheln.
4 Pürieren Sie die Suppe mit dem Zauberstab oder im Mixer und schmecken Sie sie noch einmal ab.
5 Verwirbeln Sie etwas Crème Double oder geben Sie eine Scheibe aromatisierte Butter in jeden Teller, wenn Sie die Suppe servieren.

Suppen

GRILLZWIEBELSUPPE

Für 4 Personen
4 mittelgroße Zwiebeln, geschält und in dicke Scheiben
    geschnitten
Olivenöl
1 l gute Brühe
Blätter von 4 frischen Thymianzweigen
50 ml Cocgnac
**1 Käse-Knoblauch-Brot (nach dem Rezept von Seite 96 bis ein-
    schließlich Stufe 3 zubereitet)**
einige Hände voll geriebener Gruyére

Für Phase 2
1 Heizen Sie den Ofen auf 190 °C/Gas Stufe 5 vor.
2 Bepinseln Sie die Zwiebelscheiben mit Öl und lassen Sie sie auf einem Backblech im Ofen rösten, bis sie sich an den Rändern leicht kräuseln und beginnen braun zu werden.
3 Erhitzen Sie die Brühe, bis sie kocht. Geben Sie dann die Zwiebeln und den Thymian dazu und lassen Sie alles 15 Minuten lang köcheln.
4 Gießen Sie den Cognac dazu und lassen Sie die Suppe weitere fünf Minuten lang köcheln.
5 Stechen Sie in der Zwischenzeit Brottaler aus (einer pro Portion), bepinseln Sie sie mit Olivenöl und toasten oder braten Sie sie.
6 Füllen Sie die Suppe in feuerfeste Suppenschalen, legen Sie einen Brottaler auf jede Portion und streuen Sie einen großen Haufen Gruyére darüber. Stellen Sie die Schalen auf einem Grillblech unter den heißen Grill, bis der Käse Bläschen bildet.

Seien Sie vorsichtig beim Essen – es tut böse weh, wenn ein kochend heißes Stück Zwiebel an Ihrem Kinn kleben bleibt.

Salate

Salate. Hmm. Wir waren nicht besonders
verrückt auf Salate, weil wir sie immer
für das typische, unattraktive Diät-Futter
hielten, etwas, womit man Hasen füttert.
Diese Salate hier sind jedoch das
krasse Gegenteil. Sie haben Gewicht.
Sie geben Kraft. Es sind Männersalate,
die Sie garantiert davon abhalten,
auf der Suche nach etwas anderem durch
die Küche zu schleichen.

Salate

SALAT MIT FETA, OLIVEN UND BUTTERNUTKÜRBIS

Für 1 Person als Hauptgang, für 4 Personen als Beilage
1 etwa 2,5 cm dicke Scheibe Butternutkürbis,
   geschält und in kleine Würfel geschnitten
1 EL Olivenöl
½ TL Cajun-Gewürzmischung (ersatzweise Chilipulver)
1 Hand voll Rucola
1 Hand voll Babyspinat
100 g Feta, zerkrümelt
8 schwarze Oliven (mit Stein)
2 EL Pinienkerne, geröstet
Vinaigrette (siehe Seite 239)

1 Heizen Sie den Ofen auf 190 °C/Gas Stufe 5 vor.
2 Vermischen Sie die Kürbiswürfel sorgfältig mit dem Öl in einer Schüssel. Backen Sie den so eingeölten Kürbis auf einem beschichteten Backblech (ersatzweise mit Backpapier belegen) im Ofen, bis er weich und goldbraun ist.
3 Nehmen Sie das Blech aus dem Ofen und bestreuen Sie die Kürbiswürfel mit der Cajun-Gewürzmischung. Vermischen Sie Rucola und Spinat in einer flachen Schale mit dem Feta und den Oliven und geben Sie die Kürbiswürfel sowie die Pinienkerne darüber.
4 Beträufeln Sie den Salat mit der Vinaigrette.

Die Rezepte

SCHARFER THAILÄNDISCHER RINDFLEISCHSALAT

Für 4 Personen
3 EL Tamari Sojasoße
3 EL Erdnussöl
2 EL Fischsoße (Nam Pla)
Saft von 2 Limetten
100 g Steak (Rinderlende, Rinderfilet),
    in so dünne Streifen wie möglich geschnitten
1 etwa 2,5 cm großes Stück frischer Ingwer,
    geschält und gerieben
1 TL Süßstoff
2 Knoblauchzehen, zerdrückt
2 oder 3 frische rote Chilischoten (die dünnen sind am besten),
    in feine Scheiben geschnitten
50 ml Instant-Gemüsebrühe
Öl zum Braten
25 g Kokoscreme
Blattsalat, in Stückchen zerteilt
Romanasalat, in Stückchen zerteilt
2 Frühlingszwiebeln, in Scheiben geschnitten
15 g Koriander, frisch gehackt

1 Verrühren Sie je 1 EL Tamari Sojasoße, Erdnussöl, Fischsoße und Limettensaft miteinander. Mischen Sie das Rindfleisch unter und marinieren Sie es für etwa eine Stunde.

2 Für das Dressing verrühren Sie die Reste der Tamari Sojasoße, des Öls und der Fischsoße mit 2 EL Limettensaft, dem Ingwer, dem Süßstoff, dem Knoblauch, den Chilischoten und der Brühe.

Salate

3 Erhitzen Sie einen Spritzer Öl in einer Pfanne und braten Sie das Rindfleisch darin scharf an, bis es braun ist.

4 Gießen Sie das Dressing darüber und rühren Sie die Kokoscreme hinein, wenn es kocht (dauert nur einige Sekunden).

5 Verteilen Sie die Salatblätter auf Tellern, richten Sie die Rindfleischstreifen darauf an und garnieren Sie mit den Frühlingszwiebeln und dem Koriander.

SALAT VON GEGRILLTER AUBERGINE MIT TAHIN-DRESSING

Für 2 Personen als Hauptgericht, für 4 Personen als Beilage
1 große Aubergine (etwa 500 g)
6 Schalotten
1 Knoblauchknolle
Olivenöl
50 g Pinienkerne (wenn Sie mögen, geröstet)
15 g frische glatte Petersilie, fein geschnitten

Für das Tahin-Dressing
2 EL Tahin (Sesampaste, im Bio- oder Asialaden erhältlich)
2 EL Wasser
1 EL Olivenöl
Saft einer halben Zitrone
1 Spritzer Sahne

1 Heizen Sie den Ofen auf 220 °C/Gas Stufe 7 vor.
2 Vermengen Sie das Tahin und das Wasser mit einem Zauberstab, bis eine glatte Soße entstanden ist. Rühren Sie das Öl, dann den Zitronensaft und schließlich die Sahne unter. Würzen Sie nach Geschmack und stellen Sie die Soße zunächst beiseite.
3 Schneiden Sie die Aubergine in dicke Stücke. Schälen und halbieren sie die Schalotten. Zerteilen Sie den Knoblauch in Zehen, schälen Sie diese aber nicht. Geben Sie alle drei Gemüse in eine große Rührschüssel und träufeln Sie viel Olivenöl darüber. Vermischen Sie die Zutaten sorgfältig (am besten mit den Händen) und verteilen Sie sie auf einem Backblech.
4 Backen Sie das Gemüse, bis es weich ist und an den Rändern beginnt, schwarz zu werden.
5 Geben Sie das Gebackene auf eine Platte und entfernen Sie die Schale vom Knoblauch.

Salate

6 Beträufeln Sie den Salat mit dem Tahin-Dressing und streuen Sie die Pinienkerne und die Petersilie darüber.

7 Servieren Sie den Salat, wenn er auf Raumtemperatur abgekühlt ist.

BOHNENSALAT MIT KREBSFLEISCH UND PISTAZIEN

Für 2 Personen
100 g grüne Bohnen, geputzt
2 EL Olivenöl
½ kleine rote Zwiebel, gewürfelt
50 g geschälte Pistazien, gehackt
1 frische grüne Chilischote, in feine Scheiben geschnitten (entkernt, wenn Sie das vorziehen)
1 Knoblauchzehe, fein gehackt
Salz und frisch gemahlener schwarzer Pfeffer
115 g frisches Krebsfleisch – braun und weiß
Saft einer Zitrone
3 EL frische Petersilie, fein gehackt

1 Kochen Sie die grünen Bohnen in Salzwasser bissfest, gießen Sie das Wasser ab und geben Sie die Bohnen in eine Schüssel.

2 Erhitzen Sie das Öl in einer flachen Pfanne und braten Sie die Zwiebel langsam darin. Geben Sie die Pistazien, die Chilischote und den Knoblauch dazu und braten Sie alles leicht, bis der Knoblauch beginnt, seine Farbe zu verändern. Geben Sie die Mischung über die grünen Bohnen, würzen Sie mit Salz und Pfeffer und vermischen Sie die Zutaten sorgfältig miteinander.

3 Geben Sie das Krebsfleisch und dann den Zitronensaft darüber. Bestreuen Sie den Salat mit der Petersilie.

Die Rezepte

SELLERIE-SALAMI-REMOULADE

Für 2 Personen
Saft von 1 Zitrone
½ Knollensellerie, geschält und in kleine Streifen (Streichholzformat) geschnitten
1 EL Dijon-Senf
3 EL Mayonnaise
1 EL frische Petersilie, gehackt
2 große Gewürzgurken, fein gewürfelt
1 EL Kapern, abgetropft und klein gehackt (optional)
50 g Salami am Stück, gewürfelt
Salz und frisch gemahlener schwarzer Pfeffer

1 Geben Sie den Zitronensaft über den Sellerie und vermischen Sie beides gründlich mit Ihren Händen.
2 Fügen Sie die restlichen Zutaten hinzu, vermischen Sie alles sorgfältig. Stellen Sie es 30 Minuten lang kühl, bevor Sie servieren.

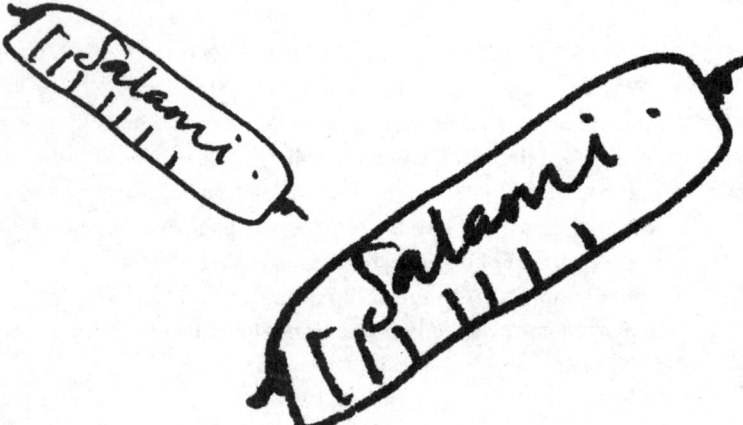

Spargelsalat mit Miesmuscheln

Für 2 Personen
250 g grüner Spargel
1 Stückchen Butter
1 kleine Zwiebel, in feine Scheiben geschnitten
100 ml trockener Weißwein
1 kg Miesmuscheln, gesäubert
Saft und geriebene Schale einer Zitrone
Saft und geriebene Schale einer Limette

1 Blanchieren Sie den Spargel eine Minute lang in kochendem Wasser und schrecken Sie ihn dann unter fließend kaltem Wasser ab. Sorgfältig abtropfen lassen.
2 Schmelzen Sie die Butter in einem großen Topf und dünsten Sie die Zwiebeln darin, bis sie weich sind. Erhöhen Sie die Temperatur und gießen Sie den Wein an. Wenn er kocht, können Sie die geschlossenen Muscheln hineingeben. Verschließen Sie den Topf mit einem Deckel.
3 Schütteln Sie nach ein paar Minuten den Topf und schauen Sie nach, ob sich die Muscheln geöffnet haben. Wenn nicht, lassen Sie sie bei geschlossenem Topf noch einige Minuten lang weiter köcheln.
4 Nehmen Sie die Muscheln mit einer Schaumkelle aus dem Topf. Wenn Sie mögen, können Sie das Muschelfleisch aus den Schalen lösen. Heben Sie die Muscheln unter den Spargel.
5 Geben Sie den Saft und die Schale von der Zitrone und der Limette zum Muschelsud und lassen Sie diesen bei hoher Temperatur kochen, bis er dicklich – sirupartig – wird. Geben Sie dieses Dressing über den Salat.

Die Rezepte

ZUCKERSCHOTENSALAT MIT TANDOORI-LACHS

Für 2 Personen
200 g Lachsfilet
1 EL Tandoori-Paste
1 EL Mayonnaise
Saft einer Zitrone
100 g Zuckerschoten
4 Frühlingszwiebeln, geputzt und klein geschnitten
50 ml Vinaigrette (siehe Seite 239)
1 EL frische Minze, fein gehackt

1 Fahren Sie mit den Fingern über das Lachsfilet, um nach Gräten zu fühlen, und entfernen Sie diese. Schneiden Sie den Lachs in grobe Würfel.
2 Verrühren Sie die Tandoori-Paste mit der Mayonnaise und dem Zitronensaft. Mischen Sie die Lachswürfel hinein, bis sie gut bedeckt sind.
3 Blanchieren Sie die Zuckerschoten zwei Minuten lang, bis sie bissfest sind, und schrecken Sie sie unter fließend kaltem Wasser ab. Gut abtropfen lassen. Schneiden Sie immer 2 oder 3 Schoten übereinander der Länge nach in 4 Streifen und geben Sie diese mit den Frühlingszwiebeln in eine Schüssel.
4 Stecken Sie die Lachswürfel auf Spieße und grillen Sie sie im Ofen für etwa zehn Minuten. Ein- bis zweimal wenden.
5 Vermischen Sie die Vinaigrette mit der Minze und heben Sie sie unter das Gemüse.
6 Richten Sie den Lachs auf dem Gemüse an.

Salate

GRIECHISCHER SALAT

Für 6 Personen als Vorspeise oder Beilage
1 Kopf Romanasalat, gewaschen,
   getrocknet und klein geschnitten
1 rote Zwiebel, in dünne Scheiben geschnitten
1 Hand voll schwarze Oliven
1 grüne Paprika, klein geschnitten
½ rote Paprika, klein geschnitten
2 große Tomaten, gewürfelt
1 Salatgurke, in Scheiben geschnitten
200 g Feta, zerkrümelt
6 EL Olivenöl
1 TL getrockneter Oregano
Saft einer Zitrone
frisch gemahlener schwarzer Pfeffer

1 Geben Sie Salat, Zwiebel, Oliven, grüne und rote Paprika, Tomaten, Gurke und Käse in eine große Salatschüssel.
2 Verrühren Sie das Olivenöl mit dem Oregano, dem Zitronensaft und viel schwarzem Pfeffer. Gießen Sie das Dressing über den Salat und lassen Sie es sich schmecken.

SALADE NIÇOISE

Für 1 Person
Salatblätter Ihrer Wahl
½ Tomate, gewürfelt
1 Dose Thunfisch in Olivenöl
1 Hand voll grüne Bohnen, gekocht
2 hartgekochte Eier, in Viertel oder Sechstel geschnitten
1 Hand voll glatte Petersilienblätter
Meersalz und frisch gemahlener schwarzer Pfeffer
Vinaigrette (siehe Seite 239)

1 Schmeißen Sie alles zusammen.
2 Lassen Sie es sich schmecken.

!

Hauptgerichte

Hier finden Sie große, ordentliche Familiengerichte für Menschen mit Hunger. Es gibt hier nichts, was wir unseren dünnen kleinen Freunden anbieten würden – diese Gerichte sind köstlich und werden Sie mit Stolz erfüllen, Diät hin oder her.

Makrelenküchlein

Für 4 Personen
½ mittelgroßer Butternutkürbis, geschält und gewürfelt
1 kleines Ei, verschlagen
2 geräucherte Makrelenfilets
1 EL frische Petersilie, gehackt
1 Spritzer Olivenöl
1 Stückchen Butter
Zitronenspalten zum Garnieren

1 Dünsten Sie das Kürbisfleisch, bis es weich ist, und pürieren Sie es grob. Lassen Sie es fünf Minuten lang abkühlen und rühren Sie dann das Ei unter.
2 Zerpflücken Sie die Makrelenfilets und mischen Sie die Stückchen zusammen mit der Petersilie mit einer Gabel unter das Kürbispüree.
3 Formen Sie kleine Küchlein aus der Masse und legen Sie sie auf ein Backblech. Eine Stunde kalt stellen.
4 Erhitzen Sie das Öl in einer flachen Pfanne und geben Sie die Butter dazu. Wenn sie nicht mehr schäumt, legen Sie die Küchlein hinein. Aber vorsichtig, sie sind sehr zerbrechlich. Am besten nutzen Sie einen Bratwender.
5 Lassen Sie die Küchlein mindestens drei Minuten lang auf einer Seite brutzeln, bis sie eine Kruste haben. Wenden Sie sie und lassen Sie sie auf der anderen Seite bräunen.
6 Reichen Sie Zitronenspalten zu den Makrelenküchlein.

In Phase 2 können Sie die Küchlein vor dem Braten in Haferflocken wenden.

Die Rezepte

ZUCCHINI MIT ZWEI VERSCHIEDENEN FÜLLUNGEN

Für 2 Personen
4 mittelgroße Zucchini, längs halbiert
1 kleine Zwiebel, fein gehackt
2 Knoblauchzehen, fein gehackt
Olivenöl zum Braten
1 Stückchen Butter
50 g Feta
1 EL Pinienkerne
8 frische Minzeblätter, gehackt
50 g Stilton-Käse (ersatzweise Gorgonzola)
1 Scheibe guter geräucherter Schinken, klein geschnitten
1 großes Ei, verschlagen

1 Heizen Sie den Ofen auf 190 °C/Gas Stufe 5 vor.
2 Lassen Sie die Zucchini in gesalzenem Wasser vier Minuten lang köcheln. Gut abtropfen lassen. Halten Sie sie mit einem Küchenhandtuch fest und kratzen Sie den kernigen Mittelteil heraus. Schneiden Sie diesen klein und stellen Sie ihn beiseite. Legen Sie die Zucchini mit der Schnittstelle nach unten auf ein Küchenpapier oder sauberes Handtuch und lassen Sie sie noch einmal zehn Minuten lang abtropfen.
3 Braten Sie die Zwiebel und den Knoblauch in einem Spritzer Olivenöl und der Butter, bis sie goldbraun sind. Geben Sie die klein geschnittenen Zucchiniteile dazu und braten Sie alles noch ein paar Minuten lang weiter. Teilen Sie die Zwiebelmischung auf zwei Schüsseln auf.
4 Geben Sie in die eine Schüssel den zerkrümelten Feta, die Pinienkerne und die Minze dazu.
5 Krümeln Sie in die andere Schüssel den Stilton und mischen Sie die Schinkenstückchen dazu.

6 Verteilen Sie das verschlagene Ei auf beide Schüsseln und heben Sie es sorgfältig unter. Füllen Sie vier der Zucchinihälften mit der einen Füllung und vier mit der anderen. Legen Sie die Hälften so in eine feuerfeste Form, dass sie nicht umkippen können. Etwas Olivenöl darüber verteilen und so lange backen, bis Bläschen entstehen und die Zucchinioberfläche goldbraun ist.
7 Servieren Sie die Zucchini mit einem knackigen grünen Salat.

In Phase 3 können Sie noch etwas Aprikosen-Chutney zur Stilton-Füllung hinzugeben.

SELLERIE-BRAVAS

Für 2 bis 4 Personen
1 Knollensellerie, geschält und in
2,5 cm große Würfel geschnitten
Olivenöl zum Braten
1 kleine Zwiebel, in dünne Scheiben geschnitten
1 frische rote Chilischote, fein gehackt
   (wenn Sie mögen, auch mehr)
2 Knoblauchzehen, zerdrückt
1 Dose gehackte Tomaten
1 EL Tomatenmark
1 EL Wein- oder Apfelessig
1 TL Paprikapulver
Salz

1 Braten Sie die Selleriewürfel in heißem Öl, bis sie rundherum goldbraun sind. Legen Sie sie auf eine Servierplatte.
2 Erhitzen Sie etwas mehr Olivenöl und braten Sie die Zwiebel darin, bis sie goldbraun ist. Geben Sie die Chilischote und den Knoblauch dazu und braten Sie alles eine weitere Minute lang. Rühren Sie nun die Dosentomaten, das Tomatenmark, den Essig und das Paprikapulver hinein und lassen Sie die Soße fünf Minuten lang eindicken. Würzen Sie mit Salz und geben Sie die Soße über die Selleriewürfel. Sie können sie natürlich auch getrennt zum Sellerie reichen.
3 Am besten schmeckt es, wenn es noch warm, aber nicht mehr heiß ist.

Hauptgerichte

TANDOORI-HÜHNERLEBER MIT KORIANDER-MINZE-DIP

Für 2 Personen
250 g Hühnerleber (aufgetaut, wenn Tiefkühlware)
1 EL Tandoori-Gewürzmischung
1 EL Olivenöl
25 g Butter
2 EL Crème Double (oder Crème fraîche)
1 Portion Vinaigrette (siehe Seite 239)
15 g frischer Koriander, fein gehackt
15 g frische Minze, fein gehackt

1 Spülen Sie die Hühnerleber in einem Sieb gut ab und entfernen Sie die unappetitlichen Teile – nicht zu viel, Hühnerleber sieht generell etwas unappetitlich aus. Geben Sie die Leber in eine Schale und verteilen Sie die Tandoori-Gewürzmischung sorgfältig darauf. Dann eine Stunde im Kühlschrank marinieren.
2 Erhitzen Sie Öl und Butter in einer Pfanne und braten Sie die Leber bissfest. Sie sollte sich etwa so fest wie Ihre Nasenspitze anfühlen. Mit der Schaumkelle aus der Pfanne nehmen.
3 Verrühren Sie die Crème Double mit der Vinaigrette und geben Sie die Kräuter dazu.
4 Servieren Sie die Leber mit kleinen Cocktail-Spießchen und dem Dip.

Die Rezepte

THUNFISCH-SPIESSE MIT ZITRONEN-PFEFFER-VINAIGRETTE

Für 2 Personen
5 EL Olivenöl
1 EL Apfelessig
Saft und geriebene Schale einer Zitrone
Saft und geriebene Schale einer Limette
1 TL schwarze Pfefferkörner, im Mörser zerstoßen
2 dicke frische Thunfisch-Steaks (je etwa 200 g)
1 kleine Zwiebel
1 grüne Paprika
Öl

1 Für die Vinaigrette verrühren Sie das Olivenöl mit dem Apfelessig und dem Zitronen- und Limettensaft. Geben Sie die geriebene Schale und den zerstoßenen Pfeffer dazu und stellen Sie das Dressing etwa eine Stunde beiseite.
2 Schneiden Sie die Thunfisch-Steaks in 2 cm große Würfel.
3 Vierteln Sie die Zwiebel und zerlegen Sie sie in ihre Schichten.
4 Entkernen und entstielen Sie die Paprika und schneiden Sie sie in 2 cm große Quadrate.
5 Spießen Sie die größten Zwiebelstücke, die Thunfisch-Würfel und die Paprikaquadrate abwechselnd auf Metallspieße und bepinseln Sie alles mit Öl. Grillen Sie die Spieße, bis der Thunfisch gerade eben durchgegart ist – er ist ruiniert, wenn er zu lange gart.
6 Gießen Sie die Vinaigrette sofort über die Spieße und servieren Sie.

Wenn Sie es mögen, können Sie die Zwiebel und die Paprika eine Minute blanchieren, bevor Sie sie aufspießen. Sie sind dann etwas weicher.

Hauptgerichte

KNUSPRIG GEBRATENE ENTE* MIT SESAM

Für 2 Personen
1 EL Sesamsamen
1 EL Erdnussöl
2 Entenbrustfilets, enthäutet und in grobe Stücke zerteilt
1 fette frische rote Chilischote, entkernt und klein geschnitten
2 Knoblauchzehen, in dünne Scheiben geschnitten
1 etwa 1 cm großes Stück frischer Ingwer,
    geschält und in dünne Scheiben geschnitten
1 kleiner Brokkoli, in Röschen zerteilt
½ TL Five-Spice-Pulver (im Asialaden erhältlich)
1 EL Fischsoße (Nam Pla)
1 EL Tamari Sojasoße
100 ml Wasser
1 EL Sesamöl

1 Rösten Sie die Sesamsamen in einer Pfanne ohne Fett, bis sie duften, braun sind und leicht knistern. Zur Seite legen.
2 Erhitzen Sie das Öl im Wok und braten Sie die Entenstücke unter Rühren so lange, bis das Fleisch bräunlich und nicht mehr roh aussieht. Geben Sie dann die Chilischote, den Knoblauch und den Ingwer dazu und braten Sie alles etwa noch eine weitere Minute lang.
3 Geben Sie den Brokkoli dazu und rühren Sie das Five-Spice-Pulver, die Fischsoße, die Tamari Sojasoße und das Wasser unter. Schnell zum Kochen bringen, dann die Hitze reduzieren und so lange köcheln lassen, bis der Brokkoli hellgrün und weich und die meiste Flüssigkeit verdampft ist.
4 Garnieren Sie mit den gerösteten Sesamsamen und dem Sesamöl.

---

* Schweinefilet eignet sich übrigens auch für dieses Gericht.

Die Rezepte

FORELLE MIT MANDELN

Für 2 Personen
2 ganze Forellen oder 4 Forellenfilets
1 EL Oliven- oder Erdnussöl
25 g Butter
75 g gehobelte Mandeln
100 ml Crème Double (oder Crème fraîche)

1 Braten Sie die Forellen in etwas Öl und Butter – drei Minuten auf jeder Seite, wenn Sie ganze Forellen haben, und eine Minute bei Filets. Aus der Pfanne nehmen und warm halten.
2 Geben Sie die gehobelten Mandeln in die Pfanne und lassen Sie sie langsam bräunen. Aber Achtung: Sie verbrennen innerhalb einer Sekunde!
3 Wenn die Mandeln fertig sind, geben Sie die Crème Double dazu und schütteln die Pfanne, bis alles durcherhitzt ist. Servieren Sie die Soße zu den Forellen.

LAUCH MIT BLAUSCHIMMELKÄSE

Für 4 Personen als Beilage
3 Stangen Lauch, Außenschicht, Wurzeln und
  oberes Grün entfernt
1 EL Oliven- oder Erdnussöl
10 g Butter
120 ml Wasser
½ TL Instant-Gemüsebrühe
140 ml Crème Double (oder Crème fraîche)
70 g Blauschimmelkäse

Eine fantastische Beilage zu geschmortem Fleisch, besonders Lamm, oder einfach so zum Auslöffeln.

1 Den Lauch unter fließendem Wasser abspülen und in 0,5 cm dicke Scheiben schneiden.

2 Erhitzen Sie das Öl und schmelzen Sie die Butter, bis sie nicht mehr schäumt. Braten Sie den Lauch so lange darin, bis er an den Rändern goldbraun wird.

3 Geben Sie das Wasser und die Instant-Gemüsebrühe dazu und rühren Sie so lange, bis sich das Brühepulver aufgelöst hat. Jetzt so lange köcheln lassen, bis die Brühe leicht eingekocht ist und eine sirupartige Konsistenz angenommen hat.

4 Rühren Sie die Crème Double hinein und lassen Sie die Flüssigkeit etwa eine Minute lang blubbern, bis sie dicklich wird.

5 Geben Sie den Käse dazu, stellen Sie die Herdplatte aus und lassen Sie den Käse in der Soße schmelzen.

Als eine Art Eintopfgericht genossen, passen gehackte Walnüsse und knusprige Speckwürfel wunderbar dazu.

Die Rezepte

MOUSSAKA

Für 2 Personen
500 g Lammhackfleisch
1 Zwiebel, gehackt
2 Knoblauchzehen, zerdrückt
2 TL getrockneter Oregano
1 TL gemahlener Zimt
2 EL Tomatenmark
100 ml Wasser
1 große Aubergine
Oliven- oder Erdnussöl
3 Eier
300 ml Crème Double (oder Crème fraîche)
200 g Feta

1 Heizen Sie den Ofen auf 180 °C/Gas Stufe 4 vor.
2 Braten Sie das Lammfleisch, bis es braun wird. Zerteilen Sie dabei eventuell vorhandene Klumpen mit einer Gabel. Schütten Sie überschüssiges Fett ab und geben Sie die Zwiebel und den Knoblauch dazu. Braten Sie alles, bis die Zwiebel weich ist.
3 Rühren Sie Oregano, Zimt, Tomatenmark und Wasser unter das Fleisch. Lassen Sie alles 20 Minuten lang abgedeckt bei niedriger Temperatur köcheln.
4 Schneiden Sie die Aubergine in Scheiben, bepinseln Sie sie mit Öl und grillen, braten oder backen Sie sie, bis sie weich, aber nicht matschig ist. Sie sollte goldbraun sein.
5 Rühren Sie das Fleisch um. Sollte zu viel Flüssigkeit im Topf sein, lassen Sie es noch etwa fünf Minuten lang ohne Deckel köcheln.
6 Verschlagen Sie die Eier mit der Crème Double und dem zerkrümelten Feta.

7 Ist das Fleisch in einem ofentauglichen Topf, belegen Sie es mit den Auberginenscheiben und gießen die Fetamischung darüber. Andernfalls füllen Sie es zuvor in eine feuerfeste Form um.

8 Backen Sie die Moussaka ungefähr 45 Minuten lang im Ofen, bis sie oben goldbraun ist.

Die Rezepte

PIKANTER KÄSEKUCHEN

Für 10 bis 12 Personen
100 g gehackte Walnüsse
150 g gemahlene Mandeln
125 g geriebener Parmesan
1 TL getrockneter Thymian
125 g Butter
300 g Frischkäse
250 g Mascarpone
250 g weißer Käse, zerkrümelt (zum Beispiel Feta)
150 ml Crème Double (oder Crème fraîche)
6 Eier, Eigelb vom Eiweiß getrennt
Salz
1 TL Senfpulver

1 Heizen Sie den Ofen auf 160 °C/Gas Stufe 3 vor.
2 Vermischen Sie die Nüsse, den Parmesan und den Thymian sorgfältig mit der geschmolzenen Butter. Verteilen Sie alles so in einer Springform von 23 cm Durchmesser, dass der Boden gleichmäßig bedeckt ist. Drücken Sie die Mischung mit der Rückseite eines Löffels gleichmäßig am Boden fest und lassen Sie sie eine halbe Stunde lang im Kühlschrank ruhen.
3 Mixen Sie alle Käsesorten zusammen so lange im Mixer, bis eine geschmeidige Masse entstanden ist. Vermischen Sie diese in einer großen Rührschüssel mit der Crème Double, den Eigelben, einer Prise Salz und dem Senfpulver. Mixen Sie erneut mit einem Handrührer, bis die Masse weich und cremig ist.
4 Waschen und trocknen Sie die Rühraufsätze sorgfältig ab und schlagen Sie die Eiweiße zu steifem Eischnee. Er ist genau richtig, wenn kleine Spitzen stehen bleiben.
5 Rühren Sie ein Drittel des Eischnees mit einem Metalllöffel unter

Hauptgerichte

die Käsemasse, um sie zu lockern. Heben Sie dann vorsichtig den restlichen Eischnee unter.

6 Geben Sie die Käsemasse auf den Nuss-Parmesan-Boden und streichen Sie sie mit der Rückseite eines Löffels glatt.

7 Backen Sie den Kuchen 1 ¼ bis 1 ½ Stunden lang, bis die Oberfläche bronzefarben ist. Stellen Sie den Ofen aus und lassen Sie den Kuchen darin noch eine Stunde lang abkühlen (er fällt dabei etwas zusammen).

8 Öffnen Sie die Ofentür und lassen Sie den Kuchen eine weitere Stunde abkühlen. Stellen Sie ihn danach über Nacht in den Kühlschrank.

9 Wie auch die süße Version (siehe Seite 224) lässt sich dieser Käsekuchen nur schlecht schneiden. Verwenden Sie deshalb ein scharfes Messer und wundern Sie sich nicht, wenn sich das erste Stück nur schwer herauslösen lässt.

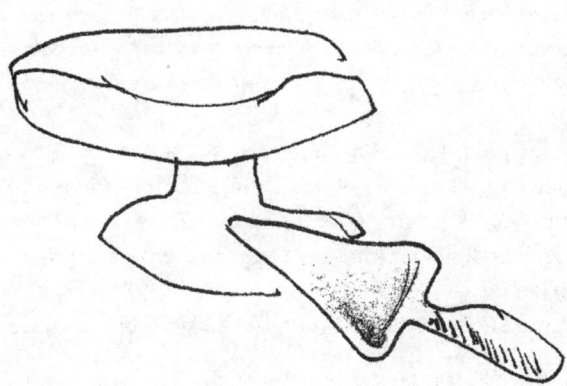

Die Rezepte

PAELLA

Für 4 Personen
½ TL Safran
100 ml heiße Hühnerbrühe
Olivenöl und Butter zum Braten
8 Hühnerschenkel ohne Haut
1 spanische Zwiebel, in Spalten geschnitten
125 g Chorizo-Wurst, in grobe Stücke geschnitten
2 Knoblauchzehen, gehackt
1 Dose (400g) gehackte Tomaten
1 TL scharfes Paprikapulver (oder 1 TL süßes Paprikapulver und
½ TL Cayennepfeffer)
1 großer Blumenkohl, gerieben
2 Dutzend Miesmuscheln*, gesäubert
8 große ungeschälte Riesengarnelen
glatte Petersilie, gehackt
Zitronenspalten

Sie können Fisch und Fleisch auch variieren. Wie wäre es zum Beispiel mit Tintenfisch, Seeteufel, verschiedenen Muscheln und/oder Kaninchen? Kochen Sie Fisch und Meeresfrüchte immer nur so kurz wie möglich.

1 Streuen Sie den Safran über die Hühnerbrühe und stellen Sie sie beiseite. Geben Sie etwas Öl und Butter in eine große hohe Pfanne oder einen Bratentopf und braten Sie die Hühnerschenkel, bis sie überall goldbraun sind. Nehmen Sie sie mit einem Schaumlöffel heraus.

2 Braten Sie die Zwiebel im Bratfett, bis sie braun zu werden be-

---

* Schmeißen Sie alle Muscheln weg, die sich nicht schließen, wenn man mit einem Messer an die Schale klopft. Und entfernen Sie auch alle, die sich beim Kochen nicht geöffnet haben.

Hauptgerichte

ginnt. Geben Sie die Chorizo und den Knoblauch in den letzten Minuten dazu. Danach kommt das Hühnerfleisch zusammen mit den Tomaten und dem Paprikapulver zurück in die Pfanne. Lassen Sie alles unter gelegentlichem Rühren bei geschlossenem Deckel köcheln, bis das Hühnerfleisch weich ist.

3 Während die Hühnerschenkel kochen, braten Sie in einer anderen Pfanne mit etwas Öl den geriebenen Blumenkohl an, bis er goldbraun zu werden beginnt. Dann geben Sie die Brühe dazu. Rühren Sie so lange, bis der Blumenkohl weich und alle Flüssigkeit verdampft ist.

4 Erhöhen Sie die Temperatur unter der Pfanne mit dem Fleisch und lassen Sie alles aufkochen. Geben Sie die Miesmuscheln dazu und decken Sie die Pfanne wieder ab. Überprüfen Sie nach zwei Minuten, ob sich die Muscheln geöffnet haben. Wenn nicht, geben Sie ihnen noch 30 Sekunden. Fügen Sie die Riesengarnelen hinzu und lassen Sie alles eine Minute lang köcheln, bis die Garnelen gerade durch und hellrosa sind.

5 Rühren Sie den Blumenkohl-»Reis« unter die Fleisch-Meeresfrüchte-Mischung und geben Sie die Paella in eine flache Schale. Garnieren Sie mit Petersilie und Zitronenspalten.

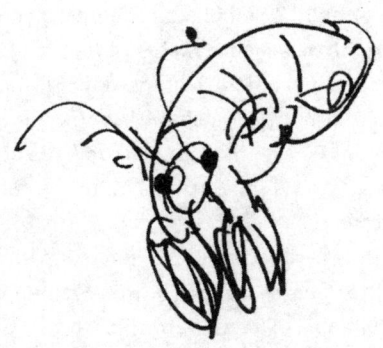

RINDFLEISCH-KORMA

Für 2 Personen
125 g gehobelte Mandeln
1 Zwiebel, grob gehackt
2 frische grüne Chilischoten (weniger oder mehr,
je nach Geschmack)
5 Knoblauchzehen, geschält
125 ml Wasser
4 EL Erdnussöl
500 g gewürfeltes Rindfleisch zum Schmoren oder Lammschulter
5 cm Zimtstange
6 Gewürznelken
6 Kardamomkapseln, mit dem Daumen leicht aufgedrückt
6 schwarze Pfefferkörner
1 EL gemahlener Kreuzkümmel
1 EL gemahlener Koriander
250 ml Brühe
280 ml Crème Double (oder Crème fraîche)
einige geröstete Mandeln

1 Heizen Sie den Ofen auf 160 °C/Gas Stufe 3 vor.
2 Mixen Sie Mandeln, Zwiebel, Chilischoten, Knoblauch und Wasser so lange im Mixer, bis eine Paste entstanden ist.
3 Erhitzen Sie das Öl in einem Schmor- oder Bratentopf und braten Sie darin die Fleischwürfel an, bis sie rundherum braun sind.
4 Nehmen Sie das Fleisch mit der Schaumkelle aus dem Topf und rösten Sie alle ungemahlenen Gewürze unter Rühren im Bratfett an, bis sie duften.
5 Geben Sie die Paste aus dem Mixer dazu und braten Sie sie unter Rühren an, bis sie etwas bräunt. Rühren Sie nun die gemahlenen Gewürze und dann das Fleisch darunter.

Hauptgerichte

6 Gießen Sie die Brühe an, verschließen Sie den Topf gut und lassen Sie das Fleisch im Ofen schmoren, bis es butterweich ist. Schauen Sie ab und zu nach, ob noch genug Flüssigkeit im Topf ist. Wenn nicht, gießen Sie einfach noch etwas Brühe oder Wasser dazu.

7 Rühren Sie dann die Crème Double hinein und lassen Sie alles im Ofen noch einmal durcherhitzen.

8 Garnieren Sie mit gerösteten Mandeln. Und Achtung: Die ungemahlenen Gewürze sollen natürlich nicht mitgegessen werden.

Die Rezepte

FILETSTEAK IN ROTWEIN-STILTON-SOSSE

Für 2 Personen
Öl und Butter zum Braten
2 große Filetsteaks
½ TL Instant-Gemüsebrühe
75 ml Rotwein
100 ml Crème Double (oder Crème fraîche)
50 ml Wasser
½ TL Senfpulver
75 g Stilton-Käse (ersatzweise Gorgonzola)

1 Erhitzen Sie Öl und Butter in einer Pfanne und braten Sie die Steaks ganz nach Ihrem Geschmack. Wie durch das Fleisch ist, testen Sie am besten, indem Sie mit einem Finger auf die Mitte des Steaks drücken. Fühlt es sich so weich wie Ihre Wange an, ist es innen noch roh, fühlt es sich wie Ihre Nasenspitze an, ist es medium, und wenn es so fest wie Ihr Kinn ist, ist es durchgegart.
2 Nehmen Sie die Steaks aus der Pfanne und stellen Sie sie warm. Gießen Sie das meiste Fett ab, stellen Sie die Pfanne wieder auf die heiße Platte und rühren Sie die Gemüsebrühe hinein. Geben Sie dann den Wein dazu.
3 Lassen Sie den Wein köcheln, bis er eine sirupartige Konsistenz angenommen hat. Dann geben Sie Crème Double, Wasser, Senfpulver und Stilton dazu und lassen alles weiterköcheln, bis die Soße dicklich wird und der Stilton darin geschmolzen ist.
4 Servieren Sie die Soße zu den Steaks. Sie können etwas Brunnenkresse oder Knoblauch-Spinat dazu reichen.

Lachs-Feta-Auflauf

Für 1 Person
1 kleines heiß geräuchertes Lachsfilet (etwa 100 g)*
100 g Feta, gewürfelt
8 sehr kleine Brokkoli-Röschen, gedünstet
je 1 EL frische Petersilie und Dill, gehackt und gemischt
75 g würziger Cheddar
2 große Freiland-Eier
140 ml Crème Double (oder Crème fraîche)

1 Heizen Sie den Ofen auf 190 °C/Gas Stufe 5 vor. Zerpflücken Sie den Lachs und geben Sie die Stückchen in eine flache feuerfeste Form.
2 Streuen Sie Feta, Brokkoli und Kräuter über und um den Lachs herum und reiben Sie den Cheddar über alles.
3 Verrühren Sie die Eier mit der Crème Double und gießen Sie die Masse in die Auflaufform.
4 Backen Sie den Auflauf 25 bis 30 Minuten lang, bis er goldbraun und aufgegangen ist.

* *Sie können auch geräuchertes Makrelenfilet verwenden.*

Die Rezepte

**THAILÄNDISCHE HACKBÄLLCHEN
MIT ERDNUSSSOSSE**

Für 4 Personen
1 kleine Zwiebel, geschält
1 Knoblauchzehe, zerdrückt
1 große frische rote Chilischote
1 Stängel Zitronengras
ein paar Stängel frischer Koriander
Saft einer Limette
500 g Schweinehackfleisch
1 gestrichener EL Erdnussbutter
1 gehäufter TL ungesüßtes Kokospulver (oder -raspel)
1 TL Fischsoße (Nam Pla)
2 TL Tamari Sojasoße
Erdnussöl zum Braten
einige Salatblätter

1 Geben Sie Zwiebel, Knoblauch, Chilischote, Zitronengras, Korianderstängel und die Hälfte des Limettensafts in einen Mixer oder Mörser und stellen Sie eine Paste her. Vermischen Sie diese sorgfältig mit dem Hackfleisch und lassen Sie es für einige Stunden im Kühlschrank ruhen.
2 Um die Soße herzustellen, verrühren Sie die Erdnussbutter mit dem restlichen Limettensaft, dem Kokos, der Fisch- und der Tamari Sojasoße. Geben Sie genügend kochendes Wasser dazu (etwa 1 EL), um eine fließende Konsistenz zu erhalten. Lassen Sie die Soße stehen, bis das Fleisch gebraten werden kann. Dann noch einmal durchrühren und etwas Wasser hinzugeben (die Soße dickt beim Stehen ein).
3 Erhitzen Sie etwas Erdnussöl in einer Pfanne. Rollen Sie walnussgroße Portionen Fleisch zu Bällchen und drücken Sie diese etwas

flach – sie sollten wie kleine Frikadellen aussehen. Braten Sie sie scharf an, bis sie auf beiden Seiten goldbraun sind.

4 Servieren Sie die Hackbällchen ganz heiß direkt aus der Pfanne auf einem Salatbett und mit Erdnusssoße beträufelt.

Die Rezepte

HACKBÄLLCHEN STROGANOFF

Für 4 Personen
500 g Rinderhackfleisch
150 g Ricotta
1 Ei
Salz und frisch gemahlener schwarzer Pfeffer
2 EL frische Petersilie, fein gehackt
Öl zum Braten
1 Zwiebel, in feine Scheiben geschnitten
250 g kleine Champignons
1 Weinglas Weißwein oder trockener Cidre
300 ml Rinderbrühe
1 kleiner Becher Crème Double
   (ersatzweise saure Sahne oder Crème fraîche)
extra Petersilie zum Garnieren

1 Vermischen Sie – am besten mit den Händen – das Hackfleisch mit dem Ricotta, dem Ei, Salz, Pfeffer und der Petersilie.
2 Formen Sie mit befeuchteten Händen kleine Hackbällchen, etwa in Größe der Champignons, und lassen Sie sie im Kühlschrank etwas fest werden.
3 Erhitzen Sie etwas Öl in einer großen Pfanne und braten Sie die Zwiebelscheiben langsam an, bis sie goldbraun sind.
4 Nehmen Sie die Zwiebeln aus der Pfanne und geben Sie noch etwas Öl und die Champignons hinein. Kurz anbraten, bis sie beginnen, die Farbe zu ändern, dann herausnehmen.
5 Braten Sie nun die Fleischbällchen scharf an – immer nur ein paar auf einmal –, bis sie von allen Seiten gut gebräunt sind, das ist wichtig für den späteren Geschmack. Eventuell müssen Sie die Temperatur etwas reduzieren.
6 Geben Sie jetzt die Zwiebelscheiben, die Pilze und alle Fleisch-

bällchen in die Pfanne, gießen Sie den Wein dazu und lassen Sie ihn für etwa eine Minute stark aufkochen, so dass es blubbert und spritzt. Geben Sie dann die Brühe dazu, reduzieren Sie die Hitze und lassen Sie alles 30 Minuten lang köcheln, bis die Brühe stark eingekocht ist. Eventuell müssen Sie die Hitze noch einmal kurzfristig erhöhen. Es sollte nur noch die Hälfte der Flüssigkeit übrig bleiben.

7 Rühren Sie die Crème Double hinein und erhitzen Sie noch einmal.

8 Bestreuen Sie die Hackbällchen vor dem Servieren mit gehackter Petersilie.

9 Reichen Sie Blattgemüse, Butternutkürbis-Püree oder Blumenkohl-»Reis« (geriebenen Blumenkohl anbraten, mit Brühe auffüllen und weich kochen) dazu.

In Phase 3 können Sie noch eine kleine Portion ungeschälten Basmatireis dazu essen.

KEEMA

Für 4 Personen
1 große Zwiebel, gewürfelt
1 etwa 2,5 cm großes Stück frischer Ingwer, geschält
2 große Knoblauchzehen
3 EL Olivenöl
1 TL Kreuzkümmelsamen
1 bis 2 Lorbeerblätter
1 etwa 2,5 cm langes Stück Zimtstange
2 Kardamomkapseln
5 bis 6 schwarze Pfefferkörner
5 bis 6 Gewürznelken
½ TL Kurkumapulver
½ TL Chilipulver (wenn Sie mögen auch mehr)
1 ½ TL gemahlener Koriander
1 Dose (400 g) gehackte Tomaten
500 g Hackfleisch (Rind, Lamm, Schwein oder Hühnchen)
Salz zum Abschmecken
1 kleine Hand voll frischer Koriander, gehackt
½ TL Garam Masala

1 Mixen Sie Zwiebel, Ingwer und Knoblauch im Mixer zu einer Paste.
2 Erhitzen Sie das Öl und rösten Sie darin Kreuzkümmelsamen, Lorbeerblätter, Zimtstange, Kardamomkapseln, Pfefferkörner und Gewürznelken etwa eine Minute lang, bis es duftet.
3 Geben Sie die Paste aus dem Mixer dazu und rösten Sie sie an, bis sie leicht bräunlich wird.
4 Geben Sie nun alle gemahlenen Gewürze außer dem Garam Masala dazu und rösten Sie sie einige Sekunden lang. Gießen Sie die Tomaten an und lassen Sie alles so lange köcheln, bis sich das Öl absetzt.

5 Rühren Sie das Hackfleisch hinein und braten Sie es, bis es braun ist. Geben Sie dann 120 ml Wasser dazu. Bei niedriger Temperatur 20 Minuten lang köcheln lassen.
6 Schmecken Sie mit Salz ab.
7 Servieren Sie das Keema bestreut mit Koriander und Garam Masala (wir träufeln auch gern noch ein bisschen Sahne darüber).

In Phase 3 können Sie noch eine kleine Portion ungeschälten Basmatireis dazu reichen.

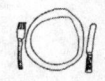

Die Rezepte

BEES CHILI-AUFLAUF

Für 6 bis 8 Personen
1 Zwiebel, in Scheiben oder Würfel geschnitten
Öl zum Braten
2 Knoblauchzehen, zerdrückt
2 große frische rote Chilischoten, klein gehackt
500 g Rinderhackfleisch
1 Dose (400 g) gehackte Tomaten
1 Klacks Tomatenmark
120 ml Brühe oder Wasser
1 EL gemahlener Koriander
1 EL gemahlener Kreuzkümmel
1 EL getrockneter Oregano
1 Hand voll Koriander, frisch gehackt

ZUM ÜBERBACKEN
4 große Eier, Eiweiß vom Eigelb getrennt
80 ml Crème Double (oder Crème fraîche)
125 g Ricotta
200 g gemahlene Mandeln
100 g kräftiger Cheddar, gerieben
1 TL Backpulver
1 große Prise Meersalz
geschmolzene Butter

1 Heizen Sie den Ofen auf 180 °C/Gas Stufe 4 vor. Braten Sie die Zwiebel in Öl glasig an und geben Sie dann den Knoblauch und die Chilischote und schließlich das Hackfleisch dazu. Zerkleinern Sie etwaige Klümpchen und verrühren Sie alles, bis keine roten Stellen am Fleisch mehr zu sehen sind.

2 Geben Sie Tomaten, Tomatenmark, Brühe, gemahlene Gewürze und Oregano dazu. Gut umrühren, zum Kochen bringen und dann abgedeckt bei sehr niedriger Temperatur etwa 45 Minuten köcheln lassen. Nehmen Sie dann den Deckel ab, erhöhen Sie die Temperatur und lassen Sie den größten Teil der Flüssigkeit verkochen.
3 Geben Sie den frischen Koriander dazu und füllen Sie die Mischung in eine feuerfeste Form. Abkühlen lassen.
4 Verrühren Sie nun die Eigelbe sorgfältig mit der Crème Double und dem Ricotta. Vermischen Sie in einer anderen Schüssel die gemahlenen Mandeln mit dem Cheddar, dem Backpulver und dem Salz.
5 Schlagen Sie die Eiweiße zu Eischnee, bis kleine Spitzen stehen bleiben. Sie benötigen hierfür eine sehr saubere Schüssel und sehr saubere Rühraufsätze. Vermischen Sie die Eiermasse mit der Mandelmischung und heben Sie vorsichtig den Eischnee darunter. Verteilen Sie diese Masse gleichmäßig auf dem Hackfleisch und bepinseln Sie sie mit der geschmolzenen Butter. Lassen Sie den Auflauf etwa 30 Minuten lang backen, bis die Oberfläche aufgegangen, fest und goldbraun ist.
6 Reichen Sie gebuttertes grünes Blattgemüse oder Salat dazu.

Die Rezepte

BUTTERHÜHNCHEN

Für 4 Personen
1 Zwiebel, in Scheiben geschnitten
4 EL Erdnussöl
50 g Butter
8 Kardamomkapseln, zerdrückt
6 Gewürznelken
1 Zimtstange
je 1 TL Ingwerpulver, Knoblauchpulver, Chilipulver, Kreuzkümmelsamen, gemahlener Kreuzkümmel, Koriandersamen, gemahlener Koriander
4 Hühnerbrüste ohne Knochen und Haut
1 Dose (400 g) gehackte Tomaten
15 g frischer Koriander, gehackt
100 ml Crème Double (oder Crème fraîche)

1 Braten Sie die Zwiebel in Öl und Butter, bis sie tief goldbraun ist.
2 Rühren Sie die Kardamomkapseln, Gewürznelken und die Zimtstange hinein und geben Sie dann Ingwer-, Knoblauch-, Chilipulver und je beide Formen Kreuzkümmel und Koriander dazu.
3 Geben Sie das in Stücke geschnittene Hühnerfleisch in die Pfanne und gießen Sie die Tomaten hinzu.
4 Lassen Sie alles im verschlossenen Topf zehn Minuten lang köcheln und danach zehn weitere Minuten ohne Deckel.
5 Geben Sie dann den frischen Koriander und die Crème Double dazu. Lassen Sie alles Weitere zehn Minuten lang köcheln, bis die Soße eingekocht und dicklich ist und das Öl beginnt, sich abzusetzen.
6 Reichen Sie gebutterten Spinat dazu. Und Achtung: Die ungemahlenen Gewürze sollen natürlich nicht mitgegessen werden.

GESCHMORTE LAMMSCHULTER

Für 6 Personen
1 ganze Lammschulter, die Haut leicht eingeschnitten
1 großer Rosmarinzweig
½ Knoblauchknolle, in Zehen zerlegt, ungeschält
1 Prise grobes Salz
300 ml Rotwein (verwenden Sie Wasser oder Brühe, wenn Sie keinen Wein haben)

1 Heizen Sie den Ofen auf 120 °C/Gas Stufe 2 vor.
2 Erhitzen Sie einen großen Schmortopf und braten Sie das Fleisch mit der Hautseite nach unten so gut wie möglich braun an.
3 »Wringen« Sie den Rosmarinzweig wie ein Geschirrtuch aus, so dass die Zellen brechen und die ätherischen Öle freigesetzt werden. Heben Sie die Lammschulter an, legen Sie den Rosmarinzweig auf den Topfboden und platzieren Sie das Fleisch, jetzt mit der Hautseite nach oben, auf den Rosmarin. Verteilen Sie so viele Knoblauchzehen um das Fleisch, wie Sie mögen. Streuen Sie das grobe Salz über das Fleisch und gießen Sie die Flüssigkeit Ihrer Wahl an. Bedecken Sie den Topf mit Alufolie und lassen Sie das Fleisch mindestens vier Stunden lang im Ofen schmoren. Es kann möglicherweise noch bis zu drei weitere Stunden vertragen.
4 Die Lammschulter muss nicht tranchiert werden – Sie müssen das Fleisch einfach nur mit zwei Gabeln vom Knochen lösen, es zerfällt regelrecht. Die Knochen lassen sich normalerweise ohne Probleme herausziehen. Entfetten Sie den Bratensaft (er ist normalerweise sehr fettig) und geben Sie ihn zum Fleisch dazu, wenn Sie mögen.

Mit kalten Resten lässt sich ein fabelhaftes Curry herstellen (siehe nächstes Rezept).

LAMM-CURRY

Für 2 Personen
1 Zwiebel
Öl zum Braten
½ großer Butternutkürbis, geschält und in grobe Stücke zerteilt
Samen von 8 Kardamomkapseln
3 Gewürznelken
1 Zimtstange
2 TL Koriandersamen
2 TL Kreuzkümmelsamen
1 TL getrocknete scharfe Chilischote, zerdrückt
1 etwa 2,5 cm großes Stück frischer Ingwer, geschält und gerieben
2 Knoblauchzehen
1 Rest gegartes Lammfleisch (die Menge ist nicht wichtig – schon
   ein bisschen verleiht dem Gericht den nötigen Geschmack)
einige Stängel frischer Koriander
1 Dose Kokosmilch
8 tiefgefrorene Spinat-Portionsstückchen
   (oder 1 große Tüte frischer Spinat)
einige Korianderblättchen zum Garnieren

1 Braten Sie die Zwiebeln in etwas Öl bei mittlerer Temperatur an und geben Sie den Kürbis dazu. Fünf Minuten lang weiter braten.
2 Geben Sie alle Gewürze, Chili, Ingwer und Knoblauch dazu und rühren Sie ein bis zwei Minuten lang, bis die Gewürze duften.
3 Geben Sie nacheinander das Lammfleisch, die Korianderstängel, die Kokosmilch und den gefrorenen Spinat dazu (frischen Spinat erst zum Schluss hinzufügen und so lange rühren, bis er zusammenfällt).
4 Verrühren Sie alles miteinander, decken Sie den Topf ab und lassen Sie das Curry so lange köcheln, bis der Kürbis weich ist.
5 Bestreuen Sie das Curry vor dem Servieren mit Korianderblättern.

Hauptgerichte

Geschmorter Schweinebauch

Für 6 Personen (es dürften Reste übrig bleiben)
1 Stück Schweinebauch
grobes Salz
einige Fenchelsamen
1 kleine Menge getrockneter Chilischoten, zerdrückt

1 Heizen Sie den Ofen auf 230 °C/Gas Stufe 8 vor.
2 Wir kaufen das Fleisch im Ganzen mit Knochen und Schwarte. Wenn Sie kein wirklich scharfes Messer besitzen, bitten Sie den Metzger, die Schwarte so fein wie möglich einzuschneiden. Vergewissern Sie sich, dass das Fleisch wirklich trocken ist. Sollten Sie es im Supermarkt in Folie abgepackt gekauft haben, nehmen Sie es aus der Verpackung und lassen es über Nacht im Kühlschrank abtrocknen.
3 Nehmen Sie den Schweinebauch eine halbe Stunde, bevor Sie kochen wollen, aus dem Kühlschrank, damit er Raumtemperatur hat.
4 Reiben Sie das Fleisch sorgfältig bis in jede Ritze und Vertiefung mit dem Salz ein und bestreuen Sie es mit den Fenchelsamen und den zerdrückten Chilischoten.
5 Legen Sie den Schweinebauch mit der Hautseite nach oben in einen Schmortopf und schieben Sie ihn auf einer der oberen Schienen in den Ofen. Minimieren Sie die Temperatur nach einer halben Stunde auf 160 °C/Gas Stufe 2 oder 3 und stellen Sie das Fleisch auf die mittlere Schiene.
6 Der Schweinebauch braucht mindestens vier Stunden im Ofen. Er ist fertig gegart, wenn das Fleisch butterzart ist und vom Knochen fällt.

Die Rezepte

SPANISCHES HÜHNCHEN

Für 6 bis 8 Personen
Olivenöl zum Braten
1 kleine Zwiebel, in Scheiben geschnitten
6 Schweinsbratwürste von höchster Qualität
8 Hühnerschenkel, ohne Knochen und Haut
225 g Chorizo-Wurst
1 Peperoni aus der Dose (ersatzweise rote Paprika),
  in Scheiben geschnitten
1 EL Paprikapulver
1 Dose (400 g) gehackte Tomaten
1 Bund frische glatte Petersilie, gehackt

1 Heizen Sie den Ofen auf 170 °C/Gas Stufe 3 vor. Erhitzen Sie das Öl in einer ofenfesten Bratpfanne oder einer gusseisernen Pfanne und braten Sie darin die Zwiebel goldbraun. Braten Sie die Würste und danach die Hühnerschenkel von allen Seiten braun an.
2 Schneiden Sie die Chorizo in Häppchengröße und geben Sie sie zusammen mit der Peperoni oder Paprika, dem Paprikapulver und den Dosentomaten mit in die Pfanne.
3 Decken Sie den Topf ab und lassen Sie alles im Ofen für ungefähr zwei Stunden schmoren, bis das Hühnerfleisch weich ist. Überprüfen Sie nach einer Stunde, ob noch etwas Hühnerbrühe oder Wasser angegossen werden muss.
4 Rühren Sie vor dem Servieren die Petersilie hinein.
5 Dieses Gericht lässt sich herrlich mit jeder Art Gemüsepüree oder Blumenkohl-»Reis« (geriebenen Blumenkohl anbraten, mit Brühe auffüllen und weich kochen) kombinieren.

In Phase 3 können Sie mit den Dosentomaten noch ganze neue Kartoffeln mit Schale hinzufügen.

SCHWEINEFLEISCH-RAVIOLI MIT OLIVENPASTE

Für 4 Personen
400 g Schweinelende
1 Becher Ricotta
165 g Olivenpaste
Öl und Butter zum Braten
3 Stangen Lauch, geputzt und in 2 cm große Stücke geschnitten
1 Stückchen Butter

1 Schneiden Sie das Lendenstück in 0,5 cm dünne Scheiben. Legen Sie die Scheiben zwischen zwei Backpapierbögen und drücken Sie sie so flach wie möglich, indem Sie mit einem Nudelholz darüber walken.
2 Verrühren Sie den Ricotta mit der Olivenpaste und streichen Sie die Mischung auf die Hälfte der Fleischscheiben. Legen Sie die anderen Scheiben darüber und drücken Sie die Ränder fest zusammen, so dass »Ravioli« entstehen.
3 Braten Sie die »Ravioli« in Öl und Butter langsam und vorsichtig etwa sieben Minuten lang, bis sie braun und durchgegart sind.
4 Servieren Sie dazu Butterlauch: Dünsten Sie den Lauch, bis er weich ist, und lassen Sie dann die Butter darin schmelzen.

Lende lässt sich leichter schneiden, wenn sie vorher 45 Minuten lang im Tiefkühlfach war.

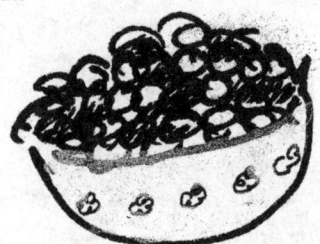

Thailändisches grünes Hühnchen-Curry

Für 2 Personen
1 Dose Kokosmilch
125 g kleine Champignons
125 g grüne Bohnen
4 Hühnerbrüste ohne Knochen und Haut,
in grobe Stücke zerteilt

Für die Paste
2 TL Koriandersamen
2 frische grüne Chilischoten (entkernt, wenn Sie mögen)
etwa 2 cm frischer Ingwer, geschält und grob gehackt
2 Schalotten
2 Knoblauchzehen
einige Stängel frischer Koriander
1 Hand voll frisches Thai-Basilikum (oder normales Basilikum
    mit einigen Minzeblättern vermischt)
1 Stange Zitronengras, das Außenblatt entfernt,
    mit einem Nudelholz platt gewalzt und gehackt
6 schwarze Pfefferkörner
Saft und geriebene Schale von 2 Limetten
1 TL Fischsoße (Nam Pla)
1 TL Tamari Sojasoße

1 Rösten Sie die Koriandersamen in einer Pfanne ohne Fett an, bis sie duften und leise knistern. Nehmen Sie die Pfanne vom Herd und zerstoßen Sie die Samen im Mörser.
2 Mixen Sie die Samen im Mixer mit allen anderen Zutaten für die Paste und 1 EL Wasser, bis eine breiige Masse entstanden ist. Stellen Sie den Mixer von Zeit zu Zeit aus und schieben Sie die Paste an den Seiten wieder hinunter.

Hauptgerichte

3 Erhitzen Sie die Kokosmilch in einem Wok, bis sie kocht. Reduzieren Sie die Hitze und lassen Sie die Kokosmilch ungefähr zehn Minuten lang köcheln, bis sie um ein Drittel eingekocht ist.

4 Rühren Sie die Paste hinein und geben Sie das Gemüse und das Hühnerfleisch dazu. Köcheln Sie alles weitere fünf Minuten lang oder so lange, bis das Fleisch durchgegart ist.

5 Nehmen Sie den Wok von der Herdplatte und lassen Sie das Curry fünf Minuten lang ruhen, bis die Soße leicht dicklich geworden ist.

In Phase 3 können Sie eine kleine Portion ungeschälten Basmatireis dazu reichen.

WURSTAUFLAUF

Für 4 Personen
6 gute dicke Schweinsbratwürste
Öl zum Braten
1 Tüte Spinat
100 ml Brühe, mit Instant-Gemüsebrühe hergestellt
250 g Mascarpone
1 kleiner Butternutkürbis, gekocht und püriert

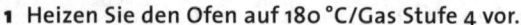

1 Heizen Sie den Ofen auf 180 °C/Gas Stufe 4 vor.
2 Bräunen Sie die Würste unter dem Grill oder in etwas Öl in der Pfanne. Schneiden Sie sie in grobe Stücke und legen Sie diese in eine feuerfeste Auflaufform.
3 Überbrühen Sie den Spinat in einem Küchensieb mit kochendem Wasser, bis er zusammenfällt (manchmal muss dieser Vorgang wiederholt werden). Legen Sie einen Teller über den Spinat und pressen Sie so viel Wasser wie möglich heraus.
4 Schneiden Sie den Spinat auf einem Schneidebrett mit einem scharfen Messer klein und streuen Sie ihn über die Wurststücke.
5 Verrühren Sie die Brühe mit dem Mascarpone und geben Sie die Mischung über den Spinat und die Würste.
6 Bedecken Sie alles mit dem Kürbispüree und bestreichen Sie es mit geschmolzener Butter.
7 Backen Sie den Auflauf im Ofen, bis er goldbraun ist.

In Phase 3 dürfen Sie zum Spinat noch einige gekochte Linsen hinzufügen.

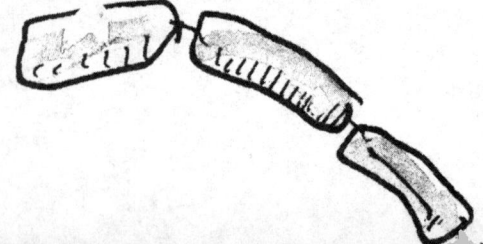

Noch ein Wurstauflauf

Für 4 Personen
6 Toulouser Würste (ersatzweise dicke Brat- oder Polnische Würste)
1 Spritzer Olivenöl
2 Stangen Lauch, geputzt und in Scheiben geschnitten
1 Dose (400g) gehackte Tomaten
1 Klacks Tomatenmark
1 TL Apfelessig
1 Hand voll geriebener Parmesan

1 Heizen Sie den Ofen auf 180 °C/Gas Stufe 4 vor.
2 Enthäuten Sie die Würste und teilen Sie jede in 3 Teile. Rollen Sie aus jedem Stück ein Bällchen. Erhitzen Sie das Öl in einem flachen Topf und braten Sie die Bällchen darin, bis sie von allen Seiten braun sind.
3 Nehmen Sie die Wurstbällchen mit einer Schaumkelle aus dem Topf und legen Sie sie in eine Auflaufform.
4 Braten Sie den Lauch einige Minuten lang unter Rühren im Bratfett und geben Sie dann die Tomaten, das Tomatenmark und den Apfelessig dazu. Kochen Sie alles einmal auf und lassen Sie es dann bei niedriger Temperatur fünf Minuten lang köcheln.
5 Gießen Sie die Mischung über die Wurstbällchen, verschließen Sie die Auflaufform mit einem Deckel oder Alufolie und lassen Sie alles 30 Minuten lang im Ofen garen.
6 Bestreuen Sie den Auflauf mit Parmesan und reichen Sie dazu gebutterten Weißkohl.

Die Rezepte

SCHINKEN-LAUCH-BLAUSCHIMMELKÄSE-PIE

Für 3 Personen
2 große Stangen Lauch, geputzt und in Scheibchen geschnitten
Butter und Öl zum Braten
120 ml Weißwein
120 ml Crème Double (oder Crème fraîche)
230 g gekochter Schinken, gewürfelt
230 g Gorgonzola (oder anderer Blauschimmelkäse), zerkrümelt
1 ganzer Knollensellerie, gekocht und püriert
30 g gehobelte Mandeln
geschmolzene Butter zum Bestreichen

1 Heizen Sie den Ofen auf 180 °C/Gas Stufe 4 vor.
2 Braten Sie den Lauch in Öl und Butter an, bis er goldbraun ist.
3 Gießen Sie den Weißwein an und lassen Sie ihn kochen, bis er eine sirupartige Konsistenz hat.
4 Geben Sie die Crème Double, den Schinken und den Stilton dazu und stellen Sie die Herdplatte aus. Der Käse soll sich in der Soße auflösen.
5 Geben Sie die Mischung in eine Lasagneform und decken Sie sie mit dem Selleriepüree ab. Streuen Sie die Mandeln darüber und bestreichen Sie alles mit der geschmolzenen Butter.
6 Backen Sie den Pie im Ofen, bis er goldbraun ist.

Wundervoll mit gebuttertem Wirsing.

CORNED-BEEF-HASCHEE

Für 4 Personen
1 Blumenkohl, in Röschen zerteilt
1 grüne Paprika, entkernt und gewürfelt
1 mittelgroße Zwiebel, halbiert und in dicke Scheiben geschnitten
2 EL Olivenöl
1 Dose (340 g) Corned Beef, gewürfelt
1 Hand voll frische Petersilie, gehackt

1 Heizen Sie den Ofen auf 220 °C/Gas Stufe 7 vor. Geben Sie Blumenkohl, Paprika und Zwiebel in eine Rührschüssel. Gießen Sie das Olivenöl darüber und vermischen Sie das Gemüse gründlich mit dem Öl.
2 Verteilen Sie das Gemüse in einem flachen Schmortopf und lassen Sie es 20 Minuten lang im Ofen garen, bis es weich und hier und da bräunlich ist.
3 Streuen Sie die Corned-Beef-Würfel darüber und lassen Sie sie weitere fünf Minuten lang im Ofen durcherhitzen.
4 Mischen Sie vor dem Servieren die Petersilie unter.

Die Rezepte

AUBERGINEN-SPINAT-FETA-PIE

Für 4 Personen
1 große Aubergine
Olivenöl
200 g Feta
5 Portionsstücke tiefgefrorener Spinat
2 Eier, verschlagen
2 EL Crème Double (oder Crème fraîche)
Salz und frisch gemahlener schwarzer Pfeffer
etwas geriebene Muskatnuss

1 Heizen Sie den Ofen auf 180 °C/Gas Stufe 4 vor. Schneiden Sie die Aubergine der Länge nach in dünne Scheiben. Bepinseln Sie diese mit etwas Olivenöl und grillen, braten oder backen Sie sie, bis sie weich, aber nicht matschig sind.
2 Krümeln Sie den Feta in eine Schüssel und zerdrücken Sie ihn mit einer Gabel – nicht zu sehr, er soll noch Struktur behalten.
3 Erwärmen Sie den gefrorenen Spinat vier Minuten in der Mikrowelle oder so lange, bis er durcherhitzt ist. Schrecken Sie ihn in einem Sieb unter fließendem kalten Wasser ab und drücken Sie dann mit den Händen so viel Wasser wie möglich heraus. Geben Sie den Spinat zum Feta. Rühren Sie die Eier und die Crème Double unter und würzen Sie mit Salz, Pfeffer und Muskat.
4 Legen Sie die Auberginenscheiben wie Blütenblätter in eine flache runde und feuerfeste Form – die dicken Enden in der Mitte.
5 Verteilen Sie die Käsemischung auf die Auberginenscheiben und klappen Sie die Enden zum Abdecken um – auch hierbei entstehen Zwischenräume.
6 Backen Sie den Pie auf der mittleren Schiene für etwa 30 bis 35 Minuten, bis er goldbraun und leicht fest ist.

PFEFFERSTEAK

Für 1 Person
1 kleine Hand voll schwarze Pfefferkörner
1 Stückchen Butter
1 Rindersteak, etwa 100 bis 150 g
1 TL Crème Double (oder Crème fraîche)
ein paar Salatblätter, zerteilt
½ Avocado, in Scheiben geschnitten
Blauschimmelkäse-Dressing (wenn Sie mögen; siehe Seite 240)

1 Zerstoßen Sie die Pfefferkörner im Mörser. Lassen Sie die Butter in einer Pfanne schmelzen. Drücken Sie die Pfefferkörner in beide Seiten des Steaks, so dass sie steckenbleiben. Wenn die Butter brutzelt, geben Sie das Steak hinein und erhöhen auf mittlere Temperatur.
2 Drehen Sie das Steak nach ein paar Minuten um. Es sollte schön knusprig auf beiden Seiten sein. Überprüfen Sie den Garzustand durch einen festen Druck mit dem Finger in die Mitte des Steaks – federnd: innen noch roh; weniger federnd: medium; fest: durch.
3 Legen Sie das Steak auf einen Teller. Geben Sie die Crème Double zum Bratfett in die Pfanne, lassen Sie alles einige Sekunden lang aufkochen und gießen Sie es als Soße über das Steak.
4 Reichen Sie dazu Salat und Avocado (und Blauschimmelkäse-Dressing, wenn Sie mögen).

Die Rezepte

ESTRAGON-HÜHNCHEN

Für 1 Person
1 Bio-Hühnerbrust
1 Stückchen Butter
1 TL Erdnussöl
1 Bündel frischer Estragon, gehackt
1 kleiner Becher Crème Double (oder Crème fraîche)
Saft einer ½ Zitrone

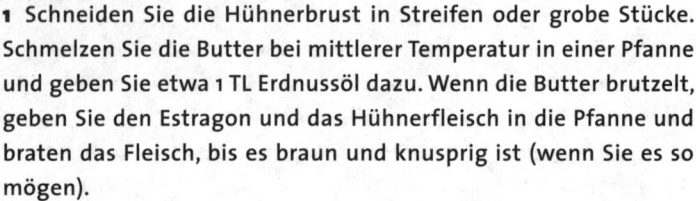

1 Schneiden Sie die Hühnerbrust in Streifen oder grobe Stücke. Schmelzen Sie die Butter bei mittlerer Temperatur in einer Pfanne und geben Sie etwa 1 TL Erdnussöl dazu. Wenn die Butter brutzelt, geben Sie den Estragon und das Hühnerfleisch in die Pfanne und braten das Fleisch, bis es braun und knusprig ist (wenn Sie es so mögen).
2 Geben Sie so viel Crème Double dazu, dass eine Soße entsteht – ein Drittel bis die Hälfte eines kleinen Bechers sollte genügen. Warten Sie, bis die Crème Double geschmolzen ist und die Soße blubbert.
3 Geben Sie den Zitronensaft dazu und würzen Sie nach, wenn es nötig sein sollte.
4 Reichen Sie Blumenkohlpüree (siehe Seite 244) dazu.

KABELJAU MIT KRÄUTERN UND TOMATEN

Für 1 Person
1 Kabeljaufilet (oder jeder andere festfleischige Fisch)
gutes Olivenöl
½ Tomate, in Scheiben geschnitten
1 großzügige Hand voll frische Kräuter
   (versuchen Sie Thymian und Rosmarin)

1 Heizen Sie den Ofen auf 190 °C/Gas Stufe 5 vor. Bestreichen Sie das Kabeljaufilet mit dem Olivenöl. Belegen Sie den Fisch mit den Tomatenscheiben.
2 Brechen Sie die Kräuter etwas, damit die ätherischen Öle freigesetzt werden, und legen Sie sie über den Fisch.
3 Wickeln Sie alles in Alufolie ein und garen Sie den Fisch 15 Minuten lang im Ofen.
4 Vergessen Sie nicht, das Kräuteröl, das sich am Boden der Folie angesammelt hat, über den Fisch zu gießen. Reichen Sie dazu Salat – besonders lecker ist Rucola mit Parmesan.

Die Rezepte

FALSCHER SHEPHERD'S PIE

Für 4 bis 6 Personen
FÜR DIE FÜLLUNG
1,5 kg mageres Rinderhackfleisch
2 mittelgroße Zwiebeln, in feine Scheiben geschnitten
2 Selleriestangen, fein gehackt
1 TL frische Thymianblätter
1 EL Tomatenmark
Salz und frisch gemahlener schwarzer Pfeffer
230 g Champignons, klein geschnitten
2 EL Butter
FÜR DAS TOPPING
900 g Blumenkohl, geputzt
60 ml saure Sahne
230 g geriebener Cheddar
2 EL Butter
1 Ei
8 dünne Scheiben Frühstücksspeck, gebraten und zerkrümelt

1 Heizen Sie den Ofen auf 180 °C/Gas Stufe 4 vor. Braten Sie das Hackfleisch bei hoher Temperatur in einem großen Topf, bis es nicht mehr rot und roh aussieht. Geben Sie Zwiebeln, Sellerie, Thymian, Tomatenmark, Salz und Pfeffer dazu.
2 Bedecken Sie den Topf, drehen Sie die Temperatur herunter und lassen Sie alles unter gelegentlichem Rühren 30 Minuten lang köcheln. Fügen Sie, wenn nötig, etwas Wasser hinzu.
3 Braten Sie die Pilze in der Butter an und geben Sie sie zum Fleisch. Weitere 15 Minuten lang köcheln lassen.
4 Widmen Sie sich in der Zwischenzeit dem Topping: Dünsten Sie den Blumenkohl, bis er fast matschig ist, und pürieren Sie ihn unter Zugabe der sauren Sahne, des Käses und der Butter im

Mixer. Mixen Sie noch das Ei darunter und geben Sie den Speck dazu.

5 Stellen Sie den Shepherd's Pie zusammen: unten Hackfleischmischung, darauf das Topping. Backen Sie ihn 45 bis 50 Minuten lang im Ofen.

THAILÄNDISCHE LACHSKÜCHLEIN

Ergibt 4 Fischküchlein
1 frische rote Chilischote, in Scheiben geschnitten
4 Frühlingszwiebeln
1 Hand voll Koriander, frisch gehackt
1 Ei
2 TL Zitronengras, klein gehackt
200 g Lachs
Salz und frisch gemahlener schwarzer Pfeffer
Olivenöl

1 Mixen Sie Chilischote, Frühlingszwiebeln, Koriander, Ei und Zitronengras im Mixer zu einer Paste. Geben Sie Lachs, Salz und Pfeffer dazu und mixen Sie erneut, bis Sie eine hackfleischähnliche Masse haben. Sie kann durchaus matschig sein – geraten Sie also nicht in Panik.
2 Erhitzen Sie einen großzügigen Klacks Olivenöl in einer Pfanne.
3 Geben Sie esslöffelweise die Mischung in die Pfanne – es sollten vier Küchlein werden. Reduzieren Sie die Hitze, wenn es spritzt. Lassen Sie jeweils die eine Seite richtig fest werden, bevor Sie die Küchlein wenden (so wie beim Omelette). Die Lachsküchlein sind fertig, wenn sie fest und goldbraun sind.
4 Köstlich mit einem Spritzer Limettensaft und schwarzem Pfeffer. Reichen Sie scharf gebratenen Weißkohl dazu.

Die Rezepte

TRÖSTLICHER RINDFLEISCH-TOPF

Für 4 Personen
2 große Zwiebeln
3 Zucchini
4 bis 5 Wiesenchampignons
200 g Brokkoli
200 g Blumenkohl
1 bis 2 Knoblauchzehen, in Scheiben geschnitten
   (oder in grobe Stücke, wenn Sie mutig genug sind)
2 EL Olivenöl
1 kg magerer Schmorbraten
1 oder 2 Prisen getrocknete Chilischote,
   zerkrümelt
Rinder- oder Gemüsebrühe, etwa 600 ml
   (hängt von der Größe des Topfes ab)

1 Schneiden Sie das ganze Gemüse in grobe Stücke und stellen Sie es beiseite.
2 Erhitzen Sie das Öl in einem großen Topf und braten Sie darin das Fleisch an, bis sich die Poren geschlossen haben und es goldbraun ist. Stellen Sie das Fleisch auf einem Teller beiseite.
3 Braten Sie die Zwiebeln und den Knoblauch im Bratfett, bis sie Farbe annehmen. Geben Sie nun das Fleisch zurück in den Topf und gießen Sie so viel Brühe an, dass es bedeckt ist.
4 Lassen Sie Fleisch und Brühe leicht kochen und lösen Sie unter Rühren den Bodensatz. Lassen Sie nun alles für eine Stunde sanft und ohne Deckel köcheln, bis das Fleisch weich ist.
5 Geben Sie das Gemüse dazu. Sie dürfen alle Gemüsesorten, die auf der »Dürfen«-Liste (Seite 29) stehen, verwenden. Denken Sie nur daran, die härteren Sorten zuerst und die weicheren zum Schluss hinzuzufügen, damit Sie keinen Gemüsematsch erhalten.

Decken Sie den Topf mit einem Deckel ab und lassen Sie alles noch einmal 15 bis 20 Minuten lang köcheln.
6 Reichen Sie Blumenkohlpüree (siehe Seite 244) und Salat zum Rindfleischtopf.

WÜRZIG MARINIERTE LAMMKRONE

Für 4 Personen
2 Lammkronen
3 Knoblauchzehen, zerdrückt
2 TL Ingwer, gerieben
2 TL Weißweinessig
1 Hand voll Minzeblätter, fein gehackt
2 TL gemahlener Kreuzkümmel
2 TL gemahlener Koriander
1 TL Chilipulver
Meersalz
150 ml Joghurt

1 Heizen Sie den Ofen auf 200 °C/Gas Stufe 6 vor. Legen Sie das Lamm in eine flache Form.
2 Vermischen Sie Knoblauch, Ingwer, Essig, Minze, Kreuzkümmel, Koriander, Chilipulver, Salz und Joghurt im Mixer. Geben Sie diese Mischung über das Fleisch, decken Sie die Form ab und stellen Sie sie für mindestens drei Stunden in den Kühlschrank (am besten über Nacht).
3 Etwa eine halbe Stunde, bevor Sie essen möchten, legen Sie das Lammfleisch auf ein mit Backpapier belegtes Blech. Lassen Sie es im Ofen für etwa 20 Minuten garen, wenn Sie es rosa mögen, oder länger, wenn es durchgegart sein soll.
4 Nehmen Sie das Fleisch aus dem Ofen und lassen Sie es zehn Minuten lang ruhen, bevor Sie es anschneiden.

Die Rezepte

GEGRILLTE CHAMPIGNONS MIT GORGONZOLA-SOSSE

Für 4 Personen
100 g Gorgonzola oder anderer Blauschimmelkäse, zerkrümelt
4 EL saure Sahne
1 EL Mayonnaise
1 EL Rotweinessig
1 Knoblauchzehe, zerdrückt
Salz und frisch gemahlener schwarzer Pfeffer
4 große Zuchtchampignons
Gutes Olivenöl

1 Zerdrücken Sie den Käse zu einer Paste und rühren Sie saure Sahne, Mayonnaise, Essig und Knoblauch unter. Würzen Sie nach Geschmack und stellen Sie die Soße beiseite.
2 Entfernen Sie die Pilzstiele und kratzen Sie bei jedem Pilz die Lamellen mit einem Löffel heraus. Schneiden Sie die Oberseiten der Köpfe kreuzweise ein. Beträufeln Sie die Pilze mit dem Olivenöl und würzen Sie sie mit Salz und Pfeffer.
3 Grillen Sie die Pilze zwei bis drei Minuten von jeder Seite, bis sie gar sind, und träufeln Sie die Käsesoße darüber.
4 Reichen Sie grünen Salat dazu.

RINDERFILET MIT RUCOLA UND PARMESAN

Für 2 Personen
Olivenöl
400 g Rinderfilet (250 g, wenn Sie eine Vorspeise für
   2 Personen zubereiten wollen)
1 großes Stück Parmesan
Meersalz und frisch gemahlener schwarzer Pfeffer
2 Beutel Rucola

1 Gießen Sie einige Löffel Olivenöl in eine gusseiserne Bratpfanne und lassen Sie es richtig heiß werden. Geben Sie das Filet hinein und braten Sie es bei großer Hitze scharf von allen Seiten an. Wenden Sie es für etwa 15 Minuten hin und her (das Filet soll außen knusprig und leicht schwarz und innen noch roh sein).
2 Nehmen Sie die Pfanne von der Herdplatte und lassen Sie das Filet zehn Minuten lang ruhen, bevor Sie es in dünne Streifen schneiden (am besten mit einem elektrischen Messer).
3 Schneiden Sie mit dem Sparschäler oder einem Käsehobel feine Parmesanhobel und legen Sie diese auf das Fleisch.
4 Servieren Sie das Rinderfilet auf einem Rucolabett, wenn Sie mögen mit Salz, Pfeffer und Olivenöl.

Die Rezepte

Zwei Möglichkeiten, ein Hähnchen zu braten
BRATHÄHNCHEN

Für 4 Personen
4 dünne Scheiben geräucherter Streifenspeck,
   in Stückchen zerteilt
geriebene Schale einer Zitrone
15 g frische glatte Petersilie, gehackt
15 g frischer Thymian, gehackt
25 g weiche Butter
1 Freilandhähnchen, küchenfertig

1 Heizen Sie den Ofen auf 180 °C/Gas Stufe 4 vor.
2 Mixen Sie Speck, Zitronenschale und Kräuter im Mixer zu einer dicken Paste und arbeiten Sie mit einer Gabel die Butter hinein.
3 Lösen Sie mit den Fingern vorsichtig die Haut über der Hähnchenbrust, so dass links und rechts vom Brustbein zwei Taschen entstehen. Füllen Sie etwa einen Esslöffel der Paste in die Bauchhöhle des Hähnchens und schieben Sie die restliche Paste vorsichtig in die beiden Hauttaschen, ohne dass die Haut reißt.
4 Braten Sie das Hähnchen im Ofen etwa eine Stunde lang, bis der Fleischsaft klar aus den Schenkeln rinnt, wenn man sie ansticht.

Wenn Sie mögen, servieren Sie einen Salat dazu.

HÄHNCHEN MIT ZITRONEN-EIER-SOSSE

Für 4 Personen
1 Bio-Zitrone
1 Freilandhähnchen, küchenfertig
Salz und frisch gemahlener schwarzer Pfeffer
1 Stückchen Butter
25 g frischer Estragon
2 Eigelbe
Crème Double (oder Crème fraîche)

1 Heizen Sie den Ofen auf 180 °C/Gas Stufe 4 vor.
2 Halbieren Sie die Zitrone und drücken Sie den Saft über dem Hähnchen aus. Salzen und pfeffern Sie die Haut und geben Sie die ausgedrückten Zitronenhälften mit der Butter und dem Estragon in die Bauchhöhle des Hähnchens hinein.
3 Braten Sie das Fleisch im Ofen etwa eine Stunde lang, bis der Fleischsaft klar aus den Schenkeln rinnt, wenn man sie ansticht.
4 Nehmen Sie das Hähnchen aus dem Bratentopf und gießen Sie so viel Fett wie möglich ab, ohne den ganzen Fleischsaft und Bodensatz zu verlieren. Stellen Sie den Bratentopf auf eine Herdplatte mit niedriger Temperatur. Verrühren Sie die Eigelbe mit der Crème Double und einem Spritzer kaltem Wasser und geben Sie die Mischung in den Bratensaft. Rühren Sie kräftig, bis die Soße dicklich wird, lassen Sie sie aber nicht mehr kochen. Reichen Sie die Soße zum Hähnchen.

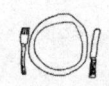

Gemüse ganz einfach

Dieses Kapitel wird Ihnen helfen, wenn Sie kein Gemüse mehr sehen können und ohne jede Inspiration in Ihren Kühlschrank schauen, bereit zur Meuterei. Die folgenden Rezepte eignen sich wunderbar als Beilagen, Snacks für zwischendurch oder sogar als Hauptgerichte.

Spargel
Reiben Sie den Spargel mit Olivenöl ein und lassen Sie ihn im Backofen garen, bis er weich ist. Mit gehobeltem Parmesan bestreuen.

Oder Sie dünsten den Spargel, bis er weich ist, und servieren ihn mit geschmolzener Butter oder auf Raumtemperatur abgekühlt mit Mayonnaise, unter die Sie Zitronensaft und -schale rühren.

Rosenkohl
Trennen Sie die Außenblätter von den Köhlchen ab und schneiden Sie die Innenteile in feine Scheiben. Braten Sie diese mit in Scheiben geschnittenem Knoblauch und Ingwer, bis sie hellgrün und bissfest sind. Geben Sie einen Spritzer Sherry dazu und lassen Sie diesen verkochen, bevor Sie servieren.

Oder Sie putzen die Köhlchen und dünsten sie, bis sie weich sind. Schneiden Sie sie noch im Topf mit einem scharfen Messer klein. Geben Sie Sahne und zerkrümelten Blauschimmelkäse dazu und lassen Sie alles stehen, bis der Käse geschmolzen ist.

Weißkohl
Raspeln Sie den Kohl fein und braten Sie ihn in etwas Öl. Geben Sie Sesamöl und Tamari Sojasoße nach Geschmack dazu. Oder knusprige Speckwürfel und körnigen Senf.

Stangensellerie
Geben Sie geputzte Selleriestangen in eine flache feuerfeste Form. Gießen Sie so viel Brühe an, dass der Sellerie halb bedeckt ist. Decken Sie die Form mit Alufolie ab und garen Sie den Sellerie bei 180 °C/Gas Stufe 4 im Ofen, bis er weich

Die Rezepte

ist, wenn man mit einer Gabel hineinsticht. Gießen Sie die ganze Flüssigkeit in eine Schüssel, verrühren Sie sie mit einem Becher Mascarpone und geriebenem Parmesan und geben Sie diese Mischung über den gegarten Sellerie. Grillen Sie diesen Auflauf, bis er an einigen Stellen braun wird und Bläschen bildet.

Oder Sie schneiden die gegarten Selleriestangen in grobe Stücke und vermischen sie mit der Garflüssigkeit, Tomatenmark und Currypulver. Bedecken Sie alles mit geriebenem Käse, den Sie mit Kokosraspeln vermischt haben, und grillen Sie den Sellerie, bis die Oberfläche braun ist.

Zucchini

Schneiden Sie mit einem Julienneschneider (ersatzweise Sparschäler) schmale Längsstreifen von den Zucchini. Dünsten Sie sie bei niedriger Temperatur, bis sie weich sind, und rühren Sie etwas Öl und Zitronensaft unter.

Oder Sie schneiden die Zucchini in 1 cm dicke Scheiben und braten sie in Öl und Butter mit etwas Knoblauch und frischem Rosmarin scharf an.

Grüne Bohnen

Entfernen Sie die Enden der Bohnen und dünsten Sie das Gemüse, bis es weich ist. Rühren Sie Crème Double und süß-scharfen Senf unter.

Oder Sie dünsten die Bohnen, bis sie weich sind, und braten dann in Scheiben geschnittenen Knoblauch in Öl und Butter, gerade bis er Farbe annimmt. Geben Sie den Knoblauch über die Bohnen und servieren Sie diese noch heiß.

Grünkohl

Waschen Sie etwa 1 kg Grünkohl, entfernen Sie die holzigen Stängel, legen Sie die Blätter übereinander und schneiden Sie sie in 2 cm breite Streifen. Braten Sie zwei zerdrückte Knoblauchzehen in Öl etwas an und geben Sie den Grünkohl mit 100 ml Brühe dazu. Decken Sie den Topf ab und schmoren Sie den Kohl bei niedriger Temperatur etwa 15 Minuten lang.

Grünkohl kann wunderbar Chinesisches Seegras ersetzen. Waschen Sie den Grünkohl sorgfältig, entfernen Sie die holzigen Stängel, legen Sie die Blätter übereinander und schneiden Sie sie in feine Streifen – 2 bis 3 mm dick. Erhitzen Sie Erdnussöl 2 cm hoch in einer tiefen Pfanne oder im Wok und frittieren Sie kleine Mengen der Grünkohlstreifen jeweils nur für 20 bis 30 Sekunden. Mit der Schaumkelle herausnehmen und auf Küchenpapier abtropfen lassen. Würzen Sie das »Seegras« mit einer Mischung aus je 1 TL Salz und Süßstoff.

Lauch

Schneiden Sie den geputzten Lauch in 6 cm lange Stücke und dünsten Sie diese, bis sie weich sind. Umwickeln Sie jedes Lauchstück mit einer Scheibe gutem Schinken und bedecken Sie alles mit Mascarpone-Soße (siehe Käsesoße Seite 242). Grillen Sie den Lauch, bis die Oberfläche goldbraun ist und Bläschen bildet.

Oder Sie schneiden den Lauch in feine Scheiben und braten ihn scharf mit etwas Knoblauch, Ingwer und Sesamsamen in Erdnussöl an. Träufeln Sie vor dem Servieren Tamari Sojasoße darüber.

Zuckerschoten

Dünsten Sie die Zuckerschoten, bis sie weich sind, und rühren Sie dann ein großes Stück Butter und viel frisch geriebenen Parmesan darunter.

Oder Sie braten die Zuckerschoten mit geschnittenen Frühlingszwiebeln in etwas Erdnussöl an, bis sie weich sind. Rühren Sie dann ein Stückchen Butter und eine große Hand voll frischer gehackter Minze darunter.

Pak Choi (chinesischer Mangold; im Asialaden erhältlich)

Halbieren Sie den Pak Choi der Länge nach. Geben Sie ihn zusammen mit einer zerdrückten Knoblauchzehe, 1 TL frischem geriebenen Ingwer und je 2 EL Tamari Sojasoße, Reisweinessig und Sesamöl in einen Wok. Bringen Sie alles zum Köcheln, decken Sie den Wok mit einem Deckel oder Alufolie ab und dünsten Sie alles, bis der Pak Choi weich ist.

Oder Sie dünsten Baby-Pak-Choi, bis er weich ist, und geben Olivenöl und frisch gepressten Limettensaft darüber.

Spinat

Spülen Sie den Spinat gut durch und geben Sie ihn in eine Mikrowellenform. Mit Frischhaltefolie abdecken und so lange in der Mikrowelle lassen, bis er zusammenfällt. Gut in einem Sieb abtropfen lassen und mit einem Teller die restliche Flüssigkeit herausdrücken. Rühren Sie Butter und Meerrettich unter den Spinat.

Oder Sie fügen etwas Sahne und frisch geriebene Muskatnuss hinzu.

Party-Häppchen

Party! Denn nur weil Sie Diät halten, müssen Sie kein Partykiller sein. Sie können sehr unterhaltsam sein! Sie müssen es sogar! Aber trinken Sie keinen Wein oder Punsch oder irgendein anderes zuckerhaltiges Gesöff. Wenn Sie etwas trinken möchten, trinken Sie einen Schnaps.

Party-Häppchen

BLINIS MIT RÄUCHERLACHS

Ergibt etwa 24 Stück
1 großes Ei
30 ml Crème Double (oder Crème fraîche)
60 g gemahlene Mandeln
1 große Prise Backpulver
Öl zum Braten
1 kleine Packung Räucherlachsscheiben
125 ml geschlagene Sahne

1 Verrühren Sie das Ei mit der Crème Double, den Mandeln und dem Backpulver zu einem sämigen Teig.
2 Erhitzen Sie etwas Öl in einer beschichteten Pfanne. Geben Sie mit einem Teelöffel kleine Teigportionen in die Pfanne, so dass kleine Pfannkuchen entstehen. Braten Sie sie auf beiden Seiten, bis sie goldbraun sind.
3 Belegen Sie die Blinis mit einem Stückchen Räucherlachs und drapieren Sie etwas geschlagene Sahne darauf.

Die Rezepte

SALAMI-KÄSE-TÜTCHEN

Ergibt 12 Stück
12 Salamischeiben
1 Becher (200 g) Rahmfrischkäse

1 Halbieren Sie die Salamischeiben. Nehmen Sie eine halbe Scheibe und rollen Sie die Ecken übereinander. Stecken Sie dann eine Ecke unter die andere, so dass eine kleine Tüte entsteht. Drücken Sie die Ränder fest aufeinander.
2 Schlagen Sie den Frischkäse mit dem Handrührer, bis eine weiche und geschmeidige Creme entstanden ist.
3 Füllen Sie mit einem Löffel oder Spritzbeutel die Salami-Tütchen mit der Käsecreme – wenn Sie nicht zusammengerollt bleiben, stecken Sie einfach ein Cocktailspießchen durch.

GEFÜLLTE EIER

Ergibt 24 Stück
12 Wachteleier, hartgekocht, geschält und halbiert
2 TL Mayonnaise
1 Prise Cajun-Gewürzmischung
1 kleines Glas Fischrogen (besonders fein ist echter Kaviar)

1 Vermischen Sie die Eigelbe in einer Schüssel mit der Mayonnaise und der Cajun-Gewürzmischung.
2 Füllen Sie die Eiweißhälften mit dieser Mischung und garnieren Sie die Eier mit etwas Fischrogen (Sie werden nicht das ganze Glas brauchen).

AUBERGINEN-WRAPS

Ergibt 24 Stück
Öl zum Braten
2 lange schmale Auberginen, in 24 Taler geschnitten
200 g Feta, in 24 Würfel geschnitten
24 kleine Minzeblätter

1 Braten Sie die Auberginentaler in Öl, bis sie weich und auf beiden Seiten goldbraun sind.
2 Umwickeln Sie mit jeder Scheibe einen Fetawürfel und ein Minzeblatt und stecken Sie alles mit einem Cocktailspießchen fest.

SCHOTTENWÜRSTCHEN

Ergibt 24 Stück
4 Chipolata-Würstchen (im italienischen Feinkostladen
　　erhältlich, ersatzweise Nürnberger Rostbratwürste)
12 dünne Scheiben Streifenspeck, halbiert

1 Umwickeln Sie jedes Würstchen mit einem Stück Speck.
2 Braten Sie die Würstchen unter gelegentlichem Wenden im Ofen bei 180 °C/Gas Stufe 4, bis der Speck braun und knusprig ist und die Würstchen durchgegart sind.

KÄSE-ZWIEBEL-HÄPPCHEN

Ergibt 24 Stück
Parmesan-Chips (nach dem Rezept von Seite 98),
   sehr klein hergestellt
Öl und Butter
1 kleine Zwiebel, halbiert und in feine Scheiben geschnitten
1 Klacks Crème Double (oder Crème fraîche)
einige frische Thymianblätter

1 Stellen Sie zuerst die Parmesan-Chips her und lassen Sie sie abkühlen.
2 Braten Sie die Zwiebelscheiben in Öl und Butter ganz langsam, bis sie tief goldbraun sind.
3 Erhöhen Sie die Temperatur, fügen Sie die Crème Double hinzu und lassen Sie alles blubbernd aufkochen, bis die Zwiebelcreme eindickt.
4 Rühren Sie den Thymian unter und lassen Sie alles abkühlen.
5 Geben Sie auf jeden Parmesan-Chip etwas von der Zwiebelcreme und servieren Sie sofort.

Gefüllte Tomaten

Ergibt 24 Stück
24 Cherrytomaten
1 Paket Kräuter- oder Pfefferrahmkäse
1 EL Crème Double (oder Crème fraîche)
2 EL frische Petersilie, fein gehackt

1 Schneiden Sie Deckel von den Tomaten ab.
2 Lösen Sie das Innere der Tomaten mit einem Löffel vorsichtig heraus und werfen Sie es weg.
3 Verrühren Sie den Käse mit der Crème Double zu einer glatten Creme und füllen Sie damit die Tomaten.
4 Bestreuen Sie die gefüllten Tomaten mit etwas Petersilie.

Die Rezepte

WÜRZIGE RIESENGARNELEN MIT TAMARINDEN-DIP

Ergibt 24 Stück
24 gekochte Riesengarnelen
Saft einer halben Limette
Tabascosoße
3 EL Tamarindenmus
1 EL Apfelessig
Frischer Koriander, gehackt
1 Prise gemahlener Kreuzkümmel
1 Prise gemahlener Koriander
1 Prise Süßstoff

1 Legen Sie die Garnelen in eine Schüssel und geben Sie den Limettensaft und etwa acht Spritzer Tabasco darüber. Lassen Sie die Garnelen für ungefähr eine Stunde marinieren.
2 Vermischen Sie die restliche Zutaten, um den Dip herzustellen.
3 Servieren Sie den Dip in einer kleinen Schale zu den Garnelen.

KÖFTE

Ergibt 24 Stück
½ TL Kreuzkümmelsamen
1 kleine Zwiebel, fein gehackt
etwas Öl
30 g gemahlene Mandeln
1 frische rote oder grüne Chilischote, gehackt
1 Prise gemahlener Koriander
1 Prise gemahlener Kreuzkümmel
250 g mageres Lammhackfleisch
1 kleines Ei
20 g geröstete Pinienkerne, fein gehackt
1 EL frische Minze, grob gehackt
1 EL Koriander, frisch gehackt
100 ml Crème Double (oder Crème fraîche)
3 EL frische Minze, fein gehackt

1 Braten Sie Kreuzkümmelsamen und Zwiebel in etwas Öl, bis die Zwiebel weich ist. Abkühlen lassen.
2 Mixen Sie die Zwiebel und die Kreuzkümmelsamen mit den restlichen Zutaten außer der Crème Double und den drei EL Minze im Mixer zu einer Masse.
3 Formen Sie mit nassen Händen je eine wallnussgroße Menge der Masse zu Fleischbällchen, bis alles aufgebraucht ist.
4 Braten Sie die Bällchen in etwas Öl etwa sechs Minuten lang, bis sie durchgegart und überall schön braun sind. Auf Küchenpapier abtropfen lassen.
5 Stellen Sie aus der Minze und der Crème Double einen Dip her und servieren Sie ihn zu den noch warmen Köfte. Stellen Sie Cocktailspießchen zum Aufspießen bereit.

Die Rezepte

SPECK-NESTER

Ergibt 24 Stück
8 Scheiben Parmaschinken
2 hartgekochte Eier, in Mayonnaise zerdrückt

1 Heizen Sie den Ofen auf 200 °C/Gas Stufe 6 vor.
2 Schneiden Sie jede Schinkenscheibe in drei Teile und legen Sie damit die Vertiefungen einer Form für Mini-Muffins aus, so dass kleine Nester entstehen. Der Schinken sollte etwas zurechtgedrückt werden.
3 Backen Sie den Schinken für fünf Minuten, bis er knusprig und braun ist. Lassen Sie ihn in der Form auskühlen, bevor Sie die Nester herauslösen.
4 Füllen Sie die Schinkennester mit der Eier-Mayonnaise und servieren Sie sie sofort.

HÜHNER-SATÉ

Ergibt 24 Stück
3 große Hühnerbrüste ohne Haut und Knochen
1 TL gemahlener Kreuzkümmel
1 TL gemahlener Koriander
½ TL Estragon
1 Knoblauchzehe, zerdrückt
1 TL Süßstoff
1 EL Tamari Sojasoße
1 EL Zitronensaft
1 TL Fischsoße (Nam Pla)
etwas Öl
FÜR DIE ERDNUSSSOSSE
100 g Erdnussbutter mit Stücken
Saft einer Limette
1 EL Fischsoße (Nam Pla)
1 TL Süßstoff
2 EL Kokospulver (oder Kokosraspel)
1 Prise Chilipulver

1 Legen Sie das Fleisch etwa 30 Minuten lang ins Gefrierfach – es lässt sich dann leichter schneiden. Schneiden Sie jede Brust der Länge nach in acht dünne Streifen.
2 Vermischen Sie die restlichen Zutaten miteinander und geben Sie die Hühnerstreifen dazu. Über Nacht im Kühlschrank marinieren.
3 Zum Zubereiten spießen Sie jeden Fleischstreifen im »Zick-Zack« auf einen Bambus- oder Holzspieß. Mit Öl bestreichen und auf jeder Seite zwei Minuten lang grillen, bis das Fleisch goldbraun und knusprig ist.
4 Für die Soße vermischen Sie alle Soßenzutaten miteinander und geben so viel heißes Wasser dazu, dass man das Fleisch gut hineintunken kann.

SALATHERZEN MIT KREBS-MAYONNAISE

Ergibt 24 Stück
250 g frisches Krebsfleisch
2 EL Mayonnaise
fein geriebene Schale einer Zitrone
Romanasalatherzen

1 Vermischen Sie das Krebsfleisch mit der Mayonnaise und der Zitronenschale.
2 Halbieren Sie die Salatblätter und streichen Sie die Krebs-Mayonnaise mit einem Löffel darauf.

THUNFISCH-CARPACCIO MIT SESAM UND LIMETTE

Ergibt 18 bis 24 Stück
1 TL Öl zum Braten
100 g Thunfisch-Steak, zu einem schönen Rechteck geschnitten
1 TL Sesamsamen
Saft einer Limette

1 Erhitzen Sie das Öl in einer kleinen beschichteten Pfanne und braten Sie den Thunfisch von beiden Seiten je 30 Sekunden lang scharf an. Aus der Pfanne nehmen.
2 Rösten Sie die Sesamsamen in der Pfanne, bis sie goldbraun sind.
3 Schneiden Sie den Thunfisch mit einem sehr scharfen Messer in so dünne Scheiben wie möglich und richten Sie diese auf einem Teller an. Mit Limettensaft beträufeln und mit Sesamsamen bestreuen. Falten oder winden Sie die Scheiben und spießen Sie sie auf Cocktailspießchen.

Die Rezepte

MINI-SCONES MIT ERDBEEREN UND SAHNE

Ergibt etwa 24 Stück
Grundrezept für Mandelbiskuit (siehe Seite 245)
frische Erdbeeren
geschlagene Sahne

1 Stechen Sie mit einer runden Ausstechform von 2 cm Durchmesser so viele »Scones« wie möglich aus dem Mandelbiskuit.
2 Geben Sie mit einem Spritzbeutel oder Löffel etwas Sahne auf jeden Scone und garnieren Sie ihn mit einer halben Erdbeere.

SCHOKOLADENTALER MIT ZIMT-MASCARPONE-MOUSSE

Ergibt 22 Stück
1 Eiweiß
1 Becher Mascarpone
1 Prise Zimt (oder nach Geschmack)
1 Paket Zartbitter-Schokoladentaler (M&S Dunkle Schweizer Schokolade)
etwas fein geriebene Zartbitterschokolade oder Kakaopulver

1 Schlagen Sie das Eiweiß zu Eischnee, so dass Spitzen stehen bleiben. Schlagen Sie den Mascarpone, bis er geschmeidig ist. Heben Sie den Eischnee und den Zimt darunter.
2 Geben Sie das Mousse mit dem Spritzbeutel oder einem Löffel auf die Schokoladentaler und garnieren Sie mit geriebener Schokolade oder Kakaopulver.

Die Rezepte

THAILÄNDISCHER RINDFLEISCHSALAT

Ergibt 24 Stück
Verwenden Sie eine Portion des thailändischen Rindfleischsalat-Rezepts von Seite 130). Halbieren Sie 12 Romanasalatherzen und verteilen Sie den Rindfleischsalat mit einem Löffel auf die Salatblätter.

PATÉ-HÄPPCHEN

Ergibt 24 Stück
Nehmen Sie 24 Scheiben einer Schlangengurke und geben Sie auf jede Scheibe mit einem Löffel etwas Hühnerleberpastete (siehe Seite 84). Garnieren Sie mit einer viertel Scheibe Gewürzgurke.

MINI-KRABBENKÜCHLEIN

Ergibt 24 Stück
Verwenden Sie die Hälfte der Menge des auf Seite 78 angegebenen Rezepts für Krabbenküchlein und machen Sie daraus Mini-Küchlein.

PAKORAS

Ergibt 24 Stück
Verwenden Sie die Hälfte der Mengen der auf den Seiten 80 und 82 angegebenen Rezepte und machen Sie daraus Mini-Pakoras.

Nachspeisen

Okay, Zeit für die Wahrheit: Ich (India) esse keine Nachspeisen. Niemals, außer es sind Erdbeeren, Himbeeren und Käse dabei. Wenn Sie aber unbedingt müssen (und bitte nur ab Phase 2, in Phase 1 werden diese Nachspeisen alle Ihre guten Vorsätze zum Scheitern bringen), dann halten Sie sich an diese Rezepte. Essen Sie gelegentlich davon, nicht jeden Tag.

HIMBEER-MOUSSE

Für 2 bis 4 Personen
1 Tütchen zur Zubereitung zuckerfreier Himbeer-Götterspeise
   (oder irgendein anderes Aroma)
120 ml kochendes Wasser
120 ml kaltes Wasser
230 ml Crème Double (oder Crème fraîche)

1 Übergießen Sie das Götterspeisenpulver mit dem kochenden Wasser und rühren Sie so lange, bis es sich aufgelöst hat.
2 Gießen Sie das kalte Wasser dazu und rühren Sie weiter. Es bildet sich etwas Schaum.
3 Rühren Sie die Crème Double unter, bis die Mischung kalt und einigermaßen fest ist.
4 Stellen Sie das Mousse etwa 30 Minuten lang kalt.
5 Dekorieren Sie mit gespritzten Sahnerosetten und gehackten Nüssen, Zuckerperlen aller Art, Rosenblättern, Geleefrüchten – was immer Ihnen einfällt. Oder löffeln Sie das Mousse einfach so, wie wir ...

Die Rezepte

KÄSEKUCHEN

Für 10 bis 12 Personen
100 g Haselnüsse
150 g gemahlene Mandeln
1 Prise Salz
125 g Butter
300 g Frischkäse
250 g Mascarpone
250 g Ricotta
150 ml Crème Double (oder Crème fraîche)
150 ml Saure Sahne
6 Eier, Eigelb vom Eiweiß getrennt
geriebene Schale einer großen Zitrone

1 Heizen Sie den Ofen auf 170 °C/Gas Stufe 3 vor.
2 Rösten Sie die Haselnüsse in einer Pfanne ohne Fett, bis sie etwas dunkler sind. Sofort in einem Mixer zerkleinern, bis sie die Größe von Vollkornkekskrümeln haben. Vermischen Sie die Haselnusskrümel in einer Schüssel mit den gemahlenen Mandeln und dem Salz.
3 Vermengen Sie die Nussmischung sorgfältig mit geschmolzener Butter. Füllen Sie diesen Teig in eine Springform mit 24 cm Durchmesser, die Sie vorher mit Backpapier ausgelegt haben. Streichen Sie ihn mit der Rückseite eines Löffels glatt. Drücken Sie den Teig fest an den Formboden und lassen Sie ihn etwa eine halbe Stunde im Kühlschrank ruhen.
4 Verrühren Sie alle Käsesorten zu einer geschmeidigen Creme. Geben Sie Crème Double, saure Sahne, Eigelbe, eine Prise Salz und die Zitronenschale dazu und schlagen Sie so lange, bis die Masse cremig ist.
5 Schlagen Sie die Eiweiße zu Eischnee – mit sorgfältig gereinigten Rühraufsätzen (der kleinste Rest der Käsemasse verhindert

bereits, dass der Eischnee gelingt). Sie sollten die Rührschüssel auf den Kopf drehen können, ohne dass etwas herausfließt.

6 Rühren Sie ein Drittel des Eischnees mit einem Metalllöffel unter die Käsemischung, um sie aufzulockern, und heben Sie den Rest vorsichtig unter, bis keine Eiweißspuren mehr zu sehen sind. Geben Sie die Masse auf die Nussmischung in der Backform und streichen Sie sie mit der Rückseite eines Löffels glatt.

7 Backen Sie den Kuchen für 1 ¼ bis 1 ½ Stunden, bis er bronzefarben ist und sich leicht wabbelig, aber nicht schlaff anfühlt. Stellen Sie den Ofen aus und lassen Sie den Kuchen darin eine Stunde lang abkühlen (er sinkt dabei etwas zusammen).

8 Lassen Sie den Kuchen eine weitere Stunde bei geöffneter Ofentür abkühlen und stellen Sie ihn dann über Nacht in den Kühlschrank. Versuchen Sie nicht, unter keinerlei Umständen, den Springformrand früher zu lösen: Der Kuchenrand würde Ihnen entgegenfallen.

Die Rezepte

ZITRONEN-LIMETTEN-KÄSEKUCHEN

Für 12 Personen
100 g Haselnüsse
150 g gemahlene Mandeln
Salz
125 g Butter
je 1 Tütchen zur Zubereitung zuckerfreier Zitronen- und
   Limetten-Götterspeise
250 g Mascarpone*
250 g Ricotta*
230 ml Crème Double (oder Crème fraîche)

1 Legen Sie eine runde Springform mit 24 cm Durchmesser mit Backpapier aus. Rösten Sie die Haselnüsse in einer Pfanne ohne Fett, bis sie etwas dunkler sind. Eventuell hören Sie sie leicht knistern. Sofort in einem Mixer zerkleinern, bis sie die Größe von Vollkornkekskrümeln haben. Vermischen Sie die Haselnusskrümel in einer Schüssel mit den gemahlenen Mandeln und dem Salz.
2 Vermischen Sie die Nussmischung sorgfältig mit geschmolzener Butter. Füllen Sie diesen Teig in die Springform und streichen Sie ihn mit der Rückseite eines Löffels glatt. Drücken Sie den Teig fest an den Formboden und lassen Sie ihn etwa eine halbe Stunde im Kühlschrank ruhen.
3 Übergießen Sie das Götterspeisenpulver mit dem kochenden Wasser und rühren Sie so lange, bis sich das Pulver aufgelöst hat. Unter gelegentlichem Umrühren lauwarm werden lassen.
4 Verrühren Sie die Käsesorten mit der Crème Double, bis sich alle Klümpchen gelöst haben und eine geschmeidige Crème entstan-

---

* Mascarpone und Ricotta können Sie auch durch 600 g Frischkäse ersetzen.

den ist. Schlagen Sie nach und nach die Götterspeise darunter und geben Sie die Masse auf den Kuchenboden. Kalt stellen, bis die Masse fest ist.

CRANACHAN – HAFERCREME

Für 3 Personen
3 große Hände voll Haferflocken, mittelgrob
450 ml Crème Double (oder Crème fraîche)
1 Spritzer Whisky
Süßstoff nach Geschmack (optional)
1 Schälchen Himbeeren
Frische Minzeblätter zum Garnieren

1 Rösten Sie die Haferflocken in einer Pfanne bei niedriger Temperatur, bis sie duften. Rühren Sie sie mit einem Holzlöffel um.
2 Schlagen Sie die Sahne, bis sie leicht cremig, aber nicht ganz fest ist. Rühren Sie den Whisky, den Süßstoff (sofern Sie welchen benutzen), die gerösteten Haferflocken und fast alle Himbeeren unter die Sahne.
3 Füllen Sie die Hafercreme in Dessertgläser und dekorieren Sie mit den restlichen Himbeeren und den Minzeblättern.

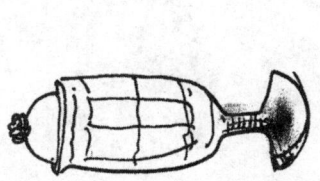

Die Rezepte

GEBACKENES ZITRONENBISKUIT

Für 4 Personen
2 große Eier, Eigelb vom Eiweiß getrennt
60 ml Crème Double (oder Crème fraîche)
2 EL Süßstoff (optional)
1 Prise Salz
Saft und geriebene Schale einer großen Zitrone
120 g gemahlene Mandeln
1 TL Backpulver

Sie können mit was immer Sie mögen aromatisieren – Kakao, Orange, Apfel – je nachdem, in welcher Phase der Diät Sie sich befinden.

1 Heizen Sie den Ofen auf 170 °C/Gas Stufe 3 vor.
2 Verrühren Sie die Eigelbe mit der Crème Double, dem Süßstoff (sofern Sie welchen benutzen), Salz und Zitronenschale in einer großen feuerfesten Schüssel, bis die Masse cremig ist. Geben Sie dann die Mandeln und das Backpulver dazu.
3 Schlagen Sie die Eiweiße zu Eischnee, bis Spitzen stehen bleiben.
4 Rühren Sie schnell den Zitronensaft und einen großen Löffel voll Eischnee unter die Eier-Mandel-Masse und heben Sie den restlichen Eischnee vorsichtig unter.
5 Backen Sie das Biskuit 30 bis 40 Minuten lang, bis es federnd auf leichten Druck reagiert. Reichen Sie dazu Sahne und gekochte Vanillesoße.

TRIFLE

Für 4 bis 6 Personen
650 ml Crème Double (oder Sahne)
4 Eigelbe
2 EL Süßstoff
1 Rezeptmenge gebackenes Zitronenbiskuit
   (siehe vorheriges Rezept)
1 Schälchen Himbeeren

1 Erhitzen Sie 200 ml der Crème Double unter ständigem Rühren bei niedriger Temperatur, bis sie fast kocht. Vom Herd nehmen.
2 Verrühren Sie die Eigelbe und schlagen Sie nach und nach die warme Crème Double unter, immer ungefähr ein Drittel.
3 Gießen Sie diese Mischung in den Topf zurück und rühren Sie sie bei niedriger Temperatur so lange um, bis sie zur dicklichen Soße wird. Nicht kochen lassen. Geben Sie den Süßstoff dazu und lassen Sie sie abkühlen. Gelegentlich umrühren, damit sich keine Haut bildet.
4 Geben Sie das in grobe Stücke geschnittene Zitronenbiskuit in eine Glas- oder Keramikschüssel und heben Sie die Himbeeren darunter.
5 Mit der abgekühlten Soße bedecken und kalt stellen.
6 Schlagen Sie die restliche Créme Double, bis sie cremig, aber nicht steif ist, und verteilen Sie sie großzügig über den kalten Trifle.

Die Rezepte

TRIFLE SCHWARZWÄLDER ART

Für 4 Personen
FÜR DIE SOSSE
200 ml Crème Double (oder Sahne)
100 g gute dunkle Schokolade (80 % Kakaoanteil), gerieben
4 Eigelbe
2 EL Süßstoff

FÜR DAS BISKUIT
2 große Eier, Eigelb vom Eiweiß getrennt
60 ml Crème Double (oder Crème fraîche)
1 EL Süßstoff (optional)
1 Prise Salz
2 gehäufte TL gutes Kakaopulver
120 g gemahlene Mandeln
1 TL Backpulver
2 EL sehr starker koffeinfreier Kaffee

ZUM VERVOLLSTÄNDIGEN
250 g Himbeeren, mit Süßstoff püriert
100 g Kirschen, entkernt und halbiert
60 ml Kirschschnaps
450 ml cremig, aber nicht steif geschlagene Crème Double (oder Sahne)
etwas geriebene Schokolade

1 Für die Soße: Erhitzen Sie die Crème Double mit der geriebenen Schokolade unter ständigem Rühren in einem Topf bei niedriger Temperatur, bis die Sahne fast kocht. Beiseite stellen.
2 Verrühren Sie die Eigelbe und schlagen Sie nach und nach die warme Crème Double unter, immer ungefähr ein Drittel.

Nachspeisen

3 Gießen Sie diese Mischung in den Topf zurück und rühren Sie sie bei niedriger Temperatur so lange um, bis sie zur dicklichen Soße wird. Nicht kochen lassen. Geben Sie den Süßstoff dazu und lassen Sie sie abkühlen. Gelegentlich umrühren, damit sich keine Haut bildet.

4 Für das Biskuit: Verrühren Sie alle Biskuitzutaten in einer für die Mikrowelle geeigneten Schüssel, bis die Masse geschmeidig ist. Bei voller Stärke drei bis vier Minuten lang in die Mikrowelle stellen oder im Ofen bei 170 °C/Gas Stufe 3 20 bis 30 Minuten lang backen, bis die Oberfläche bei Berührung federt. Abkühlen lassen.

5 Schneiden Sie den Kuchen in Scheiben und verteilen Sie jeweils zwischen 2 Scheiben das Himbeerpüree. Auf dem Boden einer Glasschale auslegen und Kirschhälften sowie -schnaps darüber verteilen.

6 Verteilen Sie die Soße gleichmäßig über dem Kuchen, decken Sie alles mit Frischhaltefolie ab und stellen Sie den Trifle einige Stunden (am besten über Nacht) kalt, bis er dicklich und leicht fest ist.

7 Verteilen Sie die cremig geschlagene Crème Double darüber und garnieren Sie mit geriebener Schokolade.

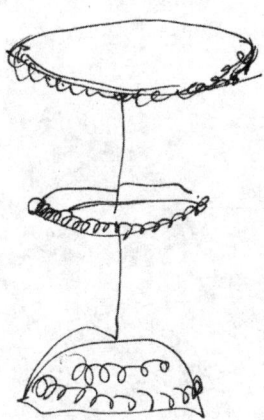

Die Rezepte

SCHOKOLADENTRÜFFEL

Ergibt etwa 12 Stück
275 g gut dunkle Schokolade (mindestens 70 % Kakaoanteil)
250 ml Crème Double (oder Crème fraîche)
50 g ungesalzene Butter, in Würfel geschnitten
2 EL Kakaopulver

1 Schmelzen Sie die Schokolade in einem Wasserbad und achten Sie darauf, dass kein Wasser in die Schokolade kommt.
2 Stellen Sie die Herdplatte aus, wenn die Schokolade geschmolzen ist, und geben Sie die Crème Double sowie Stück für Stück die Butter dazu.
3 Stellen Sie die Mischung für mindestens vier Stunden, am besten aber über Nacht in den Kühlschrank.
4 Nehmen Sie die Mischung 20 Minuten, bevor Sie die Trüffel herstellen wollen, aus dem Kühlschrank. Streuen Sie das Kakaopulver auf einen Teller. Formen Sie mit trockenen Händen aus der Schokoladenmasse kleine Bällchen und rollen Sie diese im Kakaopulver. Lassen Sie es sich sofort schmecken oder stellen Sie die Trüffel so lange in den Kühlschrank, bis Sie Appetit auf sie haben. Sie halten sich gekühlt etwa 2 Tage.

MOUSSE AU CHOCOLAT

Pro Person brauchen Sie:
50 g dunkle Schokolade (mindestens 70 % Kakaoanteil)
1 Ei, Eigelb vom Eiweiß getrennt
1 TL Süßstoff (optional)

1 Zerbrechen Sie die Schokolade in kleine Stücke und schmelzen Sie sie etwa fünf Minuten lang in einem Topf über kochendem Wasser. Achten Sie darauf, dass kein Wasser hineinkommt. Rühren Sie mit einem Holzlöffel um, um sicherzugehen, dass alles gut geschmolzen ist. Die Schokolade sollte geschmeidig sein und glänzen.
2 Schlagen Sie mit dem Holzlöffel das Eigelb unter die Schokolade.
3 Schlagen Sie in einer sauberen Schüssel mit ganz sauberen Rühraufsätzen das Eiweiß zu Eischnee, bis feste Spitzen stehen bleiben. Geben Sie, wenn Sie mögen, den Süßstoff hinzu. Heben Sie den Eischnee vorsichtig unter die Schokoladenmasse und füllen Sie diese in ein kleines Schälchen oder Weinglas. Decken Sie das Mousse ab und stellen Sie es etwa zwei Stunden lang kalt, bis es fest ist.
4 Reichen Sie Sahne oder Crème Double dazu.

Die Rezepte

KNICKERBOCKER GLORY

Für 1 Person
2 EL weiche Früchte (Erdbeeren, Himbeeren, Blaubeeren ...)
2 Kugeln Vanilleeis (siehe Seite 246)
2 EL zuckerfreie Götterspeise
cremig geschlagene Crème Double (oder Sahne)
1 EL geröstete Mandeln
1 EL geriebene dunkle Schokolade

Verwenden Sie eine große Glasschale für diese Nachspeise.

Alles was Sie tun müssen, ist Früchte, Eis, Götterspeise und Crème Double abwechselnd aufzuschichten und darauf zu achten, dass die oberste Schicht aus Crème Double besteht. Mit den Mandeln und der geriebenen Schokolade bestreuen. Himmlisch!

Nachspeisen

MUFFINS MIT GLASUR

Ergibt 12 Stück
1 Portion Mandelbiskuit-Mischung
   (Rezept Seite 245)
200 g Mascarpone
Süßstoff nach Geschmack (optional)
1 TL Vanilleextrakt
Beeren zum Garnieren

1 Heizen Sie den Ofen auf 180 °C/Gas Stufe 4 vor.
2 Verteilen Sie die Mandelbiskuit-Mischung auf 12 Muffinförmchen. Backen Sie sie etwa zwölf Minuten lang, bis sie goldbraun und bei Berührung fest sind.
3 Lassen Sie die Küchlein auf einem Kuchengitter abkühlen.
4 Verschlagen Sie Mascarpone, Süßstoff (wenn Sie mögen) und Vanilleextrakt miteinander, bis die Masse geschmeidig und cremig ist. Geben Sie auf jedes Küchlein etwas von dieser Glasur.
5 Garnieren Sie mit frischen Beeren.

Grundrezepte

Hier finden Sie die Grundrezepte,

die Sie immer

wieder brauchen werden.

Grundrezepte

VINAIGRETTE

3 EL Öl
1 EL Essig
Salz und frisch gemahlener Pfeffer

1 Verrühren Sie Öl und Essig so lange, bis sie sich miteinander verbunden haben, und würzen Sie dann mit Salz und Pfeffer. Sie können die Menge gern verdoppeln oder verdreifachen, wenn Sie gleich mehr herstellen wollen – schütteln Sie am besten alles kräftig in einem verschraubbaren Glas und bewahren Sie die Vinaigrette im Kühlschrank auf.
2 Sie können alles Mögliche zum Variieren und für den Geschmack hinzufügen: Zitronen- oder Limettensaft oder -schale, Gewürze, gehackte Kräuter, Tomatenmark, Pesto oder was auch immer.

Salz + Pfeffer

Die Rezepte

BLAUSCHIMMELKÄSE-DRESSING

1 Tasse Mayonnaise
1 Tasse saure Sahne
Olivenöl
Salz und frisch gemahlener schwarzer Pfeffer
1 Hand voll Blauschimmelkäse, zerkrümelt

Vermischen Sie Mayonnaise mit der sauren Sahne. Geben Sie so viel Olivenöl dazu, bis eine Dressing-Konsistenz entsteht, und würzen Sie mit Salz und Pfeffer. Rühren Sie den Blauschimmelkäse unter.

Grundrezepte

MAYONNAISE

1 Eigelb
1 Prise Senfpulver
1 Prise Salz
140 ml Erdnussöl

Am einfachsten macht man Mayonnaise mit Hilfe eines Handrührers, einer schmalen, hohen Rührschüssel und eines kleinen Kännchens, mit dem man das Öl dazugießt.

1 Geben Sie das Eigelb zusammen mit dem Senfpulver und dem Salz in die Rührschüssel. Verschlagen Sie alles mit dem Handrührer.
2 Geben Sie Tropfen für Tropfen Öl aus dem Kännchen zum Eigelb, während der Handrührer läuft. Bewegen Sie diesen auf und ab und rundherum, so dass sich Öl und Ei komplett verbinden können. Sollte die Mischung zu dick aussehen, nachdem Sie das ganze Öl untergerührt haben, können Sie 1 EL Wasser hinzufügen. Das lockert die Mayonnaise auf und lässt sie auch heller werden.
3 Sie können der Mayonnaise alle Mögliche hinzufügen: zerdrückten Knoblauch, körnigen Senf, Pesto, Tomatenmark, Blauschimmelkäse ...

KÄSESOSSE

200 g Mascarpone
50 g geriebener Parmesan oder anderer würziger Käse
½ TL Senfpulver

1 Geben Sie den Mascarpone in eine für die Mikrowelle geeignete Schale und erhitzen Sie ihn bei voller Stärke für eine Minute.
2 Rühren Sie den geriebenen Käse und das Senfpulver unter und erhitzen Sie alles für weitere 30 Sekunden.

GRUNDREZEPT FÜR BRATENSOSSE

Öl oder Bratfett
1 mittelgroße Zwiebel, in feine Scheiben geschnitten
500 ml Gemüse- oder Hühnerbrühe
1 etwa 2 cm dicke Scheibe Butternutkürbis,
    geschält und gewürfelt
Bratensaft jeglicher Art (optional)

1 Erhitzen Sie das Öl oder Bratfett in einem kleinen Topf und braten Sie darin die Zwiebel langsam, bis sie tief goldbraun ist. Geben Sie Brühe, Kürbis, Bratensaft und jeglichen Bratensatz, den Sie aus dem Bratentopf kratzen können, hinzu und bringen Sie alles zum Kochen. Lassen Sie die Zutaten dann köcheln, bis der Kürbis weich ist.
2 Mixen Sie alles mit einem Handrührer oder Zauberstab, bis die Soße geschmeidig ist.

Die Rezepte

BLUMENKOHLPÜREE

½ Blumenkohl
1 Stückchen Butter
1 TL Crème Double (oder Crème fraîche)
Salz und frisch gemahlener schwarzer Pfeffer
etwas geriebene Muskatnuss, wenn Sie mögen

1 Dünsten Sie die Blumenkohlröschen, bis sie sehr weich sind.
2 In einen Mixer geben. Pürieren Sie den Blumenkohl mit einem großzügigen Stück Butter und der Crème Double. Würzen Sie mit Salz, Pfeffer und Muskat.

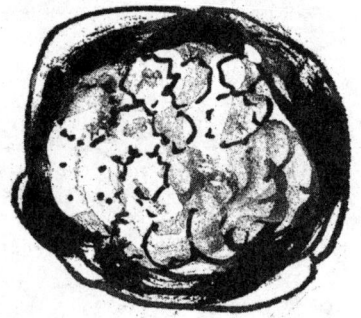

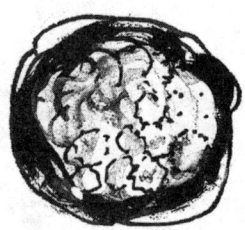

Grundrezepte

GRUNDREZEPT FÜR MANDELBISKUIT

2 große Eier, Eigelb vom Eiweiß getrennt
60 ml Crème Double (oder Crème fraîche)
2 EL Süßstoff (optional)
50 g geschmolzene Butter
1 Prise Salz
120 ml gemahlene Mandeln
1 TL Backpulver

1 Heizen Sie den Ofen auf 180 °C/Gas Stufe 4 vor.
2 Verrühren Sie in einer großen feuerfesten Schüssel die Eigelbe mit der Crème Double, dem Süßstoff (wenn Sie mögen), der geschmolzenen Butter und dem Salz, bis die Mischung geschmeidig ist. Rühren Sie die Mandeln und das Backpulver unter.
3 Schlagen Sie die Eiweiße in einer zweiten Schüssel zu Eischnee, bis weiche Spitzen stehen bleiben. Rühren Sie davon einen großen Löffel voll unter die Mandelmischung, um sie aufzulockern und heben Sie den restlichen Eischnee vorsichtig unter.
4 Backen Sie den Teig 20 bis 30 Minuten lang (Mikrowelle vier Minuten bei höchster Stufe), bis er bei Berührung federt.

VANILLEEIS

500 ml Sahne
1 Vanilleschote, längs aufgeschnitten
5 große Eigelbe
6 EL Süßstoff

1 Lassen Sie die Sahne mit der Vanilleschote aufkochen. Vom Feuer nehmen und 15 Minuten lang ziehen lassen. Verrühren Sie die Eigelbe mit dem Süßstoff, bis eine blasse Creme entsteht. Nehmen Sie die Vanilleschote aus der Sahne. Rühren Sie die Vanillesahne unter die Eimischung.
2 Köcheln Sie die Mischung bei niedriger Temperatur vier bis fünf Minuten lang, bis ein Holzlöffel mit der Soße überzogen werden kann. Lassen Sie die Soße aber auf keinen Fall kochen, Sie bekämen süße Rühreier. Gießen Sie die Soße in eine Schale und lassen Sie sie abkühlen.
3 Schlagen Sie die Masse so lange in der Eismaschine, bis sie gefroren ist. Oder füllen Sie sie in einen frostsicheren Plastikbehälter und stellen Sie sie vier Stunden lang ins Gefrierfach. Vergessen Sie nicht, jede Stunde sorgfältig umzurühren, bis das Eis halbgefroren ist, und darauf zu achten, dass sich keine größeren Eiskristalle bilden. Streichen Sie abschließend die Oberfläche glatt und lassen Sie das Eis nun gefrieren, bis es fest ist.
4 Nehmen Sie das Eis 30 Minuten vor dem Servieren aus dem Gefrierfach und stellen Sie es in den Kühlschrank – so wird die Eiscreme weich genug zum Verzehr.

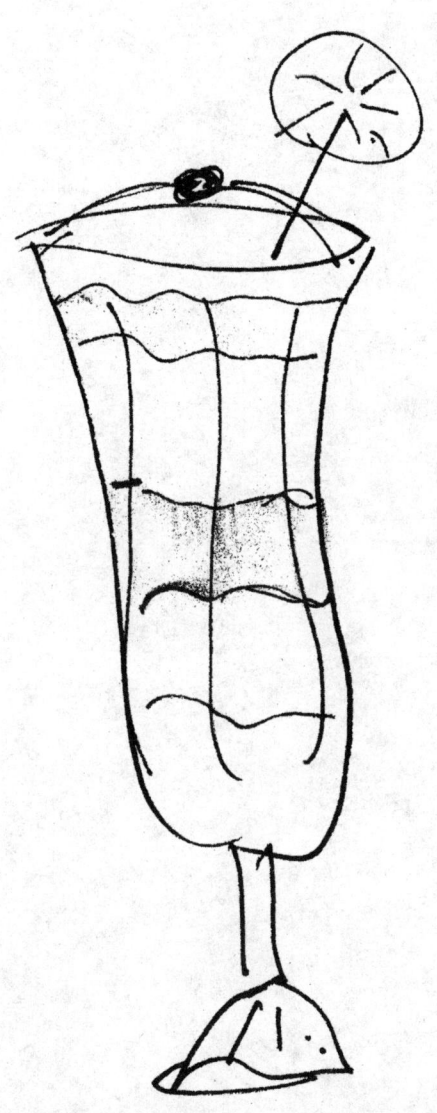

Register

Register

Abendessen 76
Acetone 21
Alkohol 11, 13, 33
Alleinstehende 10
Anchovisbutter 51
Atkins, Robert 21
Aubergine(n) 69, 132, 182, 207
Auberginen-Paprika-Muffins 69
Auberginen-Spinat-Feta-Pie 182
Auberginen-Wraps 207
Avocado 59, 112, 120, 183
Avocado mit warmem Dressing 112
Avocadosuppe, thailändische grüne 120

Backkürbissuppe mit Parmesan und Speck 117
Basilikumbutter 52
Beeren-Muffins, gemischte 73
Bewegung 19
Blattgemüse 12, 19
Blaubeeren 73, 234
Blauschimmelkäse (*siehe auch* Stilton-Käse) 151, 190, 240
Blauschimmelkäse-Dressing 183, 240
Blinis mit Räucherlachs 205
Blumenkohl 87, 91, 122, 165, 181, 186, 188
Blumenkohlpüree 61, 184, 189, 244
Blumenkohlsoufflé 91
Blumenkohlsuppe mit Curry 122
Bohnen, grüne 103, 133, 138, 176, 198
Bohnensalat mit Krebsfleisch und Pistazien 133
Bratensoße 243
Brathähnchen 192
Bratwurst 71, 94, 174, 178f, 207
Briekäse 67
Brokkoli 149, 161, 188
Brühwürfel 117
Brunnenkresse 106
Butter 12
– aromatisierte 51f
Butterhühnchen 170
Butternutkürbis 62, 67, 97, 117, 129, 143, 172, 178, 243
Butternutkürbis mit Speck und Walnüssen 62

Cajun-Gewürzmischung 47, 78, 129, 206
Champagner-Lachs 110
Champignons 61, 106, 124, 164, 176, 186, 188, 190
Champignons mit Blumenkohlfüllung 61
Champignons, gegrillte, mit Gorgonzola-Soße 190
Cheddar 71, 79, 83, 91, 98, 161, 168, 186
Cherrytomaten 103, 209
Cheshire 154
Chili-Auflauf (Bees C.) 168
Chipolata-Würstchen 207
Chorizo Rapido 104
Chorizo-Wurst 85, 104, 156, 174
Cidre 164
Cornedbeef-Cannelloni 60
Cornedbeef-Haschee 181
Cranachan – Hafercreme 227
Crème Double 12
Crème fraîche 33
Croque Monsieur 83
Curry-Paste, thailändische 70

Dressing 12, 78
Durst 13

Eier Florentine mit Curry 79
Eier, gefüllte 206
Eiweiß 11, 18, 20
Eiweiß-Getränk 32
Ei-Würstchen-Muffins 71
Ente, knusprig gebratene, mit Sesam 149
Entenbrust 149
Enzyme 20
Erdbeeren 216, 234
Erdnussbutter 162, 213
Ester 21
Estragon-Hühnchen 184

Fenchel 104
Feta 66, 129, 137, 144, 152, 154, 161, 182, 207
Feta-Zwiebel-Muffins 66
Fett(e) 11, 18ff

249

Die Rezepte

Fettsäuren 20f
Filetsteak in Rotwein-Stilton-Soße 160
Fisch, Fischfilet 11f, 78, 111, 185
Fischpastete, einfache 86
Fischrogen 206
Fischsoße (Nam Pla) 130, 149, 162, 176, 213
Five-Spice-Pulver 149
Fleisch 11f, 108
Fontina 69
Forelle mit Mandeln 150
Freilandhähnchen 192f
Frischkäse 154, 206, 224, 226
Früchtetees 34
Frühlingsrollen, würzige, mit Tamarinden-Dip 89
Frühlingszwiebeln 85, 130, 136, 187
Frühstück 9f, 18, 54ff, 76
Frühstücksspeck 59, 117, 186
Frühstücksspeck mit Avocado im Ofen überbacken 59

Gallenflüssigkeit 20
Garam Masala 80
Garnelen 70, 80, 89, 109, 156, 210
Garnelen-Curry, schnelles 109
Garnelen-Kokos-Muffins, scharfe 70
Garnelen-Pakoras 80
Gemüse 11, 29, 188, 194ff
Gemüse-Dürfen-Liste 27ff

Gewürze 25
Gewürzgurken 134
Gewürzmischungen 47ff
Glykämischer Index 36
Gorgonzola 190
Griechischer Salat 137
Grill-Champignons, fantastische 107
Grillzwiebelsuppe 125
Grundmarinade 49
Grundrezepte 236ff
Grünkohl 199
Gruyère 83, 85, 125

Hackbällchen Stroganoff 164
Hackbällchen, thailändische, mit Erdnussoße 162
Haferflocken 227
Hähnchen mit Zitronen-Eier-Soße 193
Haselnüsse 224, 226
Hauptgerichte 140ff
Himbeeren 73, 227, 229f, 234
Himbeer-Mousse 223
Hormone 20
Hühnchen, cremiges, mit Bohnen 103
Hühnchen, spanisches 174
Hühnchen-Curry, thailändisches grünes 176
Hühnerbrust 89, 103, 170, 176, 184, 213
Hühnerleber 84, 106, 147
Hühnerleberpastete 84, 218
Hühnerleber-Salat 106

Hühner-Saté 213
Hühnerschenkel 156, 174
Hunger 13
Hüttenkäse 33, 95

Insulin 21
Internet 8

Joghurt 33

Kabeljau mit Kräutern und Tomaten 185
Kaffee 230
Kakaopulver 230, 232
Kalorien 11
Kapern 134
Käse 12
Käse-Knoblauch-Brot 83, 96, 125
Käsekuchen, gebackener 224
Käsekuchen, pikanter 154
Käsesoße 242
Käse-Zwiebel-Häppchen 208
Kaviar 206
Kedgeree 87
Keema 166
Ketone 20f
Kirschen 230
Knickerbocker Glory 234
Knollensellerie 92, 134, 146, 180
Koffein 32
Köfte 211
Kohlenhydrate 11f, 35
Kohlensäure 33
Kokoscreme 70, 130
Kokos-Kürbis-Auflauf 97
Kokosmarinade 50
Kokosmilch 97, 172, 176

Register

Kokospulver, -raspel 79, 109, 120, 162, 213
Kopfschmerzen 35
Korianderbutter 51
Krabbenküchlein 78, 218
Kräuter 25
Kräuterkäse 209
Kräutermarinade, einfache 50
Krebs Royal 105
Krebsfleisch 133, 214
Kürbis-Brie-Salbei-Muffins 67

Lachs, Lachsfilet 93, 110, 136, 161, 187
Lachs-Feta-Auflauf 161
Lachsküchlein, thailändische 187
Lachs-Rillettes 93
Lamm(hack)fleisch 152, 166, 172, 211
Lamm-Curry 172
Lammkoteletts, pikante 113
Lammkrone, würzig marinierte 189
Lammschulter 158, 171
Lammschulter, geschmorte 171
Lancashire 154
Lauch 108, 118, 122, 151, 175, 179f, 199
Lauch mit Blauschimmelkäse 151
Lawson, Nigella 9
Leber 21
Leinsamen 65
Low-Carb-Ernährung 8f

Mahlzeiten 18
Makrelenfilet 143
Makrelenküchlein 143
Manchego-Käse 104
Mandelbiskuit 216, 235, 245
Mandeln 65, 80, 96, 150, 154, 158, 168, 180, 205, 211, 224, 226, 228, 230, 234
Marinaden 49f
Marokkanische Gewürzmischung
Mascarpone 108, 154, 178, 217, 224, 226, 235, 242
Mascarpone-Haschee 108
Maßband 20
Mayonnaise 12, 241
Meerrettichbutter 51
Mengen 12
Menschenverstand, gesunder 12
Menüvorschläge 37ff
Metabolischer Vorteil 21
Miesmuscheln 135, 156
Milch 33
Mini-Krabbenküchlein 218
Mini-Scones mit Erdbeeren und Sahne 216
Minzbutter 52
Mixed Spice 48, 95
Molke-Eiweiß-Shake 58
Moussaka 152
Mousse au Chocolat 233
Mozzarella 94, 96
Muffins mit Glasur 235

Nachspeisen 220ff
Nahrungsergänzungsmittel 11, 19
Nam Pla siehe Fischsoße
Nüsse 12

Obst 29
Öle 25, 49
Oliven 129, 137
Olivenbutter 52
Olivenpaste 113, 175
Omelette à la Gordon Bennett 85

Paella 156
Pak Choi (chin. Mangold) 200
Pakoras 218
Paprika 69, 78, 95, 104, 137, 148, 174, 180
Paprika, rote, mit Käse-Spinat-Füllung 95
Parmaschinken 118, 212
Parmesan 79, 94f, 98, 105, 111, 117, 154, 179, 185, 191, 242
Parmesan-Chips 98, 208
Party-Häppchen 202ff
Paté-Häppchen 218
Petersilienbutter 51
Pfannengemüse 89
Pfannkuchen, falsche 65
Pfeffersteak 183
Pilzsuppe 124
Pinienkerne 72, 112, 129, 132, 144, 211
Pistazien 133
Pizza, falsche 94
Portionen 12, 32

Quiche (Grundrezept) 88

251

Die Rezepte

Rahmfrischkäse 83, 86
Räucherfisch, -lachs 68, 86f, 111, 205
Räucherfisch-Frittata 111
Räucherfisch-Muffins 68
Ricotta 72, 164, 168, 175, 224, 226
Ricotta-Muffins 72
Riesengarnelen, würzige, mit Tamarinden-Dip 210
Rinderfilet mit Rucola und Parmesan 191
Rinderhackfleisch 164, 166, 168, 186
Rindfleisch (*siehe auch* Steak) 158, 188, 191
Rindfleisch-Korma 158
Rindfleischsalat, scharfer thailändischer 130, 218
Rindfleisch-Topf, tröstlicher 188
Romanasalat 130, 137, 214
Roquefortbutter 51
Rosenkohl 197
Rucola 129, 185, 191
Rührei indischer Art 64

Sahne 12
Salade Niçoise 138
Salami 134
Salami-Käse-Tütchen 206
Salat 19, 78, 118, 130, 138, 183, 185, 190, 192
Salat mit Feta, Oliven und Butternutkürbis 129
Salat von gegrillter Aubergine mit Tahin-Dressing 132
Salate 126ff
Salatgurke 137
Salatherzen mit Krebs-Mayonnaise 214
Salatsuppe mit Parmaschinken-Chips und Basilikum-Öl 118
Sandwich 77
Schalotten 132, 176
Schellfisch 68, 87
Schinken 83, 144, 180
Schinken-Lauch-Blauschimmelkäse-Pie 180
Schlangengurke 218
Schmorbraten 188
Schnäpse 13
Schokolade 33, 217, 230, 232ff
Schokoladentaler mit Zimt-Mascarpone-Mousse 217
Schokoladentrüffel 232
Schottenwürstchen 207
Schweinebauch, geschmorter 173
Schweinefleisch-Ravioli mit Olivenpaste 175
Schweinehackfleisch 162, 166
Schweineende 175
Sellerie Dauphinois 92
Sellerie-Bravas 146
Sellerie-Salami-Remoulade 134
Selleriestangen 186
Sesampaste (Tahin) 132
Shepherd's Pie, falscher 186
Snacks 74ff
Sojamilch 58, 65, 92
Soßen 25
Spargel 110, 135, 197
Spargelsalat mit Miesmuscheln 135
Speck-Nester 212
Spinat 72, 79, 95, 109, 123, 129, 172, 178, 182, 200
Spinatsuppe 123
Sport 35
Stangensellerie 197
Steak(s) 130, 160, 183
Steinpilze 124
Stilton-Käse 112, 144, 160, 180
Streifenspeck 59, 106, 112, 192
Suppen 114ff
Süßstoff(e) 11, 34

Tahin siehe Sesampaste
Taleggio 69
Tamari Sojasoße 89, 130, 149, 162, 176, 213
Tamarindenmus 89, 210
Tandoori-Gewürzmischung 48, 147
Tandoori-Hühnerleber mit Koriander-Minze-Dip 147
Tandoori-Paste 136
Taschenkrebs 105
Teenager 10
Thailändische grüne Paste 120
Thailändische Marinade 50
Thunfisch 138, 148, 215
Thunfisch-Carpaccio mit Sesam und Limette 215
Thunfisch-Spieße mit

Register

Zitronen-Pfeffer-Vinaigrette 148
Tomate(n) 109, 137f, 146, 156, 166, 168, 170, 174, 179, 185
Tomaten, gefüllte 209
Toulouser Würste 179
Trifle 229
Trifle Schwarzwälder Art 230

Urin 35

Vanilleeis 246
Vinaigrette 129, 136, 138, 147, 239
Vorbereitung 24
Vorratsliste 25f

Waage 20
Wachteleier 206
Walking 19
Walnüsse 62, 65, 107, 154
Wasser 18, 32
Wein 13
Weißkohl 197
Wiesenchampignon 107
Würstchen, perfekt gebratene 63

Ziegenkäse 107
Zitronenbiskuit, gebackenes 228, 229
Zitronen-Gewürzmischung 47
Zitronen-Limetten-Käsekuchen 226

Zucchini 198
Zucchini mit zwei verschiedenen Füllungen 144
Zucchinisuppe mit Ingwer-Zwiebeln 121
Zucchino, Zucchini 108, 121, 144, 188
Zucker 13
Zuckerschoten 200
Zuckerschotensalat mit Tandoori-Lachs 136
Zwiebel-Pakoras 9, 11, 82, 218
Zwischenmahlzeiten 19

Rezepte

Auberginen-Paprika-Muffins 69
Auberginen-Spinat-Feta-Pie 182
Auberginen-Wraps 207
Avocado mit warmem Dressing 112
Avocadosuppe, thailändische grüne 120

Backkürbissuppe mit Parmesan und Speck 117
Beeren-Muffins, gemischte 73
Blauschimmelkäse-Dressing 240
Blinis mit Räucherlachs 205

Blumenkohlpüree 244
Blumenkohlsoufflé 91
Blumenkohlsuppe mit Curry 122
Bohnen, grüne 198
Bohnensalat mit Krebsfleisch und Pistazien 133
Bratensoße 243
Brathähnchen 192
Butterhühnchen 170
Butternutkürbis mit Speck und Walnüssen 62

Champagner-Lachs 110
Champignons mit Blumenkohlfüllung 61
Champignons, gegrillte,

mit Gorgonzola-Soße 190
Chili-Auflauf (Bees C.) 168
Chorizo Rapido 104
Cornedbeef-Cannelloni 60
Cornedbeef-Haschee 181
Cranachan – Hafercreme 227
Croque Monsieur 83

Eier Florentine mit Curry 79
Eier, gefüllte 206
Ei-Würstchen-Muffins 71
Ente, knusprig gebratene, mit Sesam 149
Estragon-Hühnchen 184

Die Rezepte

Feta-Zwiebel-Muffins 66
Filetsteak in Rotwein-Stilton-Soße 160
Fischpastete, einfache 86
Forelle mit Mandeln 150
Frühlingsrollen, würzige, mit Tamarinden-Dip 89
Frühstücksspeck mit Avocado im Ofen überbacken 59

Garnelen-Curry, schnelles 109
Garnelen-Kokos-Muffins, scharfe 70
Garnelen-Pakoras 80, 218
Griechischer Salat 137
Grill-Champignons, fantastische 107
Grillzwiebelsuppe 125
Grünkohl 199

Hackbällchen Stroganoff 164
Hackbällchen, thailändische, mit Erdnussoße 162
Hähnchen mit Zitronen-Eier-Soße 193
Himbeer-Mousse 223
Hühnchen, cremiges, mit Bohnen 103
Hühnchen, spanisches 174
Hühnchen-Curry, thailändisches grünes 176
Hühnerleberpastete 84
Hühnerleber-Salat 106
Hühner-Saté 213

Kabeljau mit Kräutern und Tomaten 185
Käse-Knoblauch-Brot 96
Käsekuchen, gebackener 224
Käsekuchen, pikanter 154
Käsesoße 242
Käse-Zwiebel-Häppchen 208
Kedgeree 87
Keema 166
Knickerbocker Glory 234
Köfte 211
Kokos-Kürbis-Auflauf 97
Krabbenküchlein 78
Krebs Royal 105
Kürbis-Brie-Salbei-Muffins 67

Lachs-Feta-Auflauf 161
Lachsküchlein, thailändische 187
Lachs-Rillettes 93
Lamm-Curry 172
Lammkoteletts, pikante 113
Lammkrone, würzig marinierte 189
Lammschulter, geschmorte 171
Lauch 199
Lauch mit Blauschimmelkäse 151

Makrelenküchlein 143
Mandelbiskuit 245
Mascarpone-Haschee 108
Mayonnaise 241
Mini-Krabbenküchlein 218

Mini-Scones mit Erdbeeren und Sahne 216
Molke-Eiweiß-Shake 58
Moussaka 152
Mousse au Chocolat 233
Muffins mit Glasur 235

Omelette à la Gordon Bennett 85

Paella 156
Pak Choi (chin. Mangold) 200
Pakoras 218
Paprika, rote, mit Käse-Spinat-Füllung 95
Parmesan-Chips 98
Paté-Häppchen 218
Pfannkuchen, falsche 65
Pfeffersteak 183
Pilzsuppe 124
Pizza, falsche 94

Quiche (Grundrezept) 88

Räucherfisch-Frittata 111
Räucherfisch-Muffins 68
Ricotta-Muffins 72
Riesengarnelen, würzige, mit Tamarinden-Dip 210
Rinderfilet mit Rucola und Parmesan 191
Rindfleisch-Korma 158
Rindfleischsalat, scharfer thailändischer 130, 218
Rindfleisch-Topf, tröstlicher 188
Rosenkohl 197

Register

Rührei indischer Art 64

Salade Niçoise 138
Salami-Käse-Tütchen 206
Salat mit Feta, Oliven und Butternutkürbis 129
Salat von gegrillter Aubergine mit Tahin-Dressing 132
Salatherzen mit Krebs-Mayonnaise 214
Salatsuppe mit Parmaschinken-Chips und Basilikum-Öl 118
Schinken-Lauch-Blauschimmelkäse-Pie 180
Schokoladentaler mit Zimt-Mascarpone-Mousse 217
Schokoladentrüffel 232
Schottenwürstchen 207
Schweinebauch, geschmorter 173
Schweinefleisch-Ravioli mit Olivenpaste 175
Sellerie Dauphinois 92
Sellerie-Bravas 146
Sellerie-Salami-Remoulade 134
Shepherd's Pie, falscher 186
Spargel 197
Spargelsalat mit Miesmuscheln 135
Speck-Nester 212
Spinat 200
Spinatsuppe 123
Stangensellerie 197

Tandoori-Hühnerleber mit Koriander-Minze-Dip 147
Thunfisch-Carpaccio mit Sesam und Limette 215
Thunfisch-Spieße mit Zitronen-Pfeffer-Vinaigrette 148
Tomaten, gefüllte 209

Trifle 229
Trifle Schwarzwälder Art 230

Vanilleeis 246
Vinaigrette 239

Weißkohl 197
Wurstauflauf 178, 179
Würstchen, perfekt gebratene 63

Zitronenbiskuit, gebackenes 228
Zitronen-Limetten-Käsekuchen 226
Zucchini 198
Zucchini mit zwei verschiedenen Füllungen 144
Zucchinisuppe mit Ingwer-Zwiebeln 121
Zuckerschoten 200
Zuckerschotensalat mit Tandoori-Lachs 136
Zwiebel-Pakoras 82

Diät einmal anders!

560 Seiten
ISBN 978-3-442-17131-6

Spaß und Genuss statt Verzicht und Perfektionismus!
Beim Speck-weg-Programm wird ohne viel Verzicht, aber mit viel
Motivation abgenommen. Dafür garantieren die Autorinnen:
beide ganz normale Frauen, die diese Diät entwickelt und ausprobiert
haben – und zusammen sagenhafte 60 Kilo abnahmen!

Überall, wo es Bücher gibt und unter www.mosaik-goldmann.de